Christian Teubner

Aufläufe, Gratins und Soufflés

So schmeckt's noch besser...

Christian Teubner

Aufläufe
Gratins und Soufflés

Ein besonderes Bildkochbuch mit reizvollen Rezepten

GU
Gräfe und Unzer

Inhalt

Ein Wort zuvor 5

Praktisches für Leckerbissen aus dem Ofen 6
Gehaltvolle Aufläufe 6
Schnelle Gratins 6
Luftige Soufflés 7

Überbackenes Brot 8
Brotauflauf mit Fleischfüllung 8
Ramequin 8
Birnenauflauf mit Roquefort 10
Brotauflauf mit Pilzfüllung 10

Beliebte Nudelaufläufe 12
Schinkenfleckerln 13
Hörnchenauflauf nach sardischer Art 14
Schinken-Nudel-Auflauf 14
Griechischer Nudelauflauf · Pastitsio 16

Mit Hackfleisch gefüllt 18
Kartoffelgratin 18
Mangoldauflauf 18
Kohlrabi-Möhren-Auflauf 20
Weißkohlauflauf 20
Makkaronigratin 22
Gefüllte Nudelblätter · Lasagne al forno 25
Zwiebelauflauf 26
Lauchgratin 26
Provenzalischer Auflauf mit Reis 28

Fisch unter feiner Kruste 30
Hecht-Gemüse-Gratin 30
Reisauflauf mit Riesengarnelen 32
Matjes-Kartoffel-Gratin 34
Fisch-Curry-Gratin 34

Gemüse aus dem Ofen 36
Italienisches Gemüsegratin 36
Überbackene Zucchini 36
Kartoffel-Zucchini-Gratin 38
Paprikapfanne mit Knoblauchwurst 38
Tomatengratin 40
Broccoligratin 40
Chicoréegratin mit Schinkenfüllung 42
Fenchelgratin 42
Sauerkrautauflauf 44
Gratin von Schwarzwurzeln 44
Spinatauflauf 46
Auberginenauflauf 46

Pfannkuchen, gefüllt und überbacken 48
Crêpes mit Kalbsbries 48
Spargelpfannkuchen 50
Spinatpfannkuchen 50
Pfannkuchenauflauf mit Leber 52

Deftige Hausmannskost 54
Bäckerofen 54
Gebackenes Kraut 56
Wirsingauflauf 56
Wildragout unter Maiskruste 58
Polenta-Auflauf 60
Kartoffelgratin mit Eiern 60

Raffinierte Gratins 62
Feine Scampigratins 62
Kleine Eiergratins 62
Nudelgratin mit Huhn 64
Grüne Nudeln mit Meeresfrüchten 64

Pikante Soufflés 66
Käsesoufflé 66
Spinatsoufflé 68
Broccolisoufflé 68
Geflügellebersoufflé 70
Lachssoufflé 70
Garnelensoufflé 72
Schinkensoufflé 72
Hirnsoufflé 74
Forellensoufflé 74

Süße Soufflés 76
Orangensoufflé 77
Vanillesoufflé mit Früchten 78
Schokoladensauce 78
Haselnußsoufflé 78

Fruchtig-süße Hauptgerichte 80
Clafoutis mit Pflaumen 80
Clafoutis mit Birnen 80
Hirseauflauf mit Dörrobst 82
Reisauflauf 82
Quarkauflauf mit Äpfeln 84
Himbeersauce 84
Grießauflauf mit Pflaumen 86

Köstliche Desserts 88
Topfenpalatschinken mit Powidl 88
Normannische Apfelgratins 90
Walderdbeergratin 90
Himbeer-Reis-Auflauf 92
Zwiebackauflauf 92

Rezept- und Sachregister 94

Ein Wort zuvor

Aufläufe, Gratins und Soufflés, die so unwiderstehlich duftenden »Leckerbissen aus dem Ofen«, gehören ohne Zweifel zu den Favoriten der Feinschmecker und Hobbyköche. Diese köstlichen Gerichte sind in den Küchen der ganzen Welt zu Hause.
In diesem farbigen Bildkochbuch befasse ich mich also mit einem außergewöhnlich beliebten Thema und zeige Ihnen, wie leicht diese verlockenden Spezialitäten gelingen. Die vielen großen Farbfotos geben einen optischen Vorgeschmack dessen, was Sie kulinarisch erwartet, und beim Lesen der vielen bekannten Namen wie Ramequin, Schinkenfleckerln, Lasagne al forno, Bäckerofen, Käsesoufflé oder Clafoutis wird Ihnen sicher das Wasser im Munde zusammenlaufen. – Und wenn das herrlich-duftende Ergebnis dann auf dem Tisch steht, werden Sie begeistert sagen: »So schmeckt's noch besser!«.
Die reizvollen Gerichte aus dem Backofen, ob Hauptmahlzeit oder süßes Dessert, sind sowohl für den Familientisch als auch für die Gästebewirtung ideal, denn ihre Zubereitung ist in den meisten Fällen überaus praktisch. Wenn sie erst einmal vorbereitet sind, kann man sie getrost dem Backofen überlassen und sich anderen Tätigkeiten zuwenden oder auch gemütlich den Gästen widmen. Das trifft natürlich auch für die Soufflés zu. Wenn sie einmal im Ofen sind, genügt von Zeit zu Zeit eine Kontrolle durch die Scheibe der Backofentür, ob sie auch schön aufgehen. Und die süßen Desserts in diesem Buch lassen Ihnen Zeit, das Menü zuvor in aller Ruhe zu genießen.
Die Rezepte dieses Bildkochbuches wurden alle sorgfältig getestet. Schwierigere Arbeitsvorgänge werden in Schritt-für-Schritt-Aufnahmen gezeigt. Sie sind – zumindest was die Aufläufe und Gratins anbelangt – nach den Hauptzutaten gegliedert, damit Sie sich leicht zurechtfinden.
Die Begriffe »Auflauf« und »Soufflé« sind nämlich nicht so leicht zu trennen, jedenfalls im deutschen Sprachgebrauch. Wenn man den Auflauf beim Wort nähme, dann wäre er eigentlich ein Soufflé, denn das französische Wort »souffler« bedeutet nichts anderes als »auflaufen« oder »aufblähen«. Das wiederum trifft exakt bei uns nur für Soufflés zu, weil unsere Aufläufe selten mit geschlagenem Eiweiß zubereitet werden, wie es für ein Soufflé eben nötig ist.
Ebenso schwierig ist es, eine genaue Trennungslinie zwischen Aufläufen und Gratins zu ziehen. »Gratinieren« bedeutet ja nichts anderes als »überbacken«, und überbacken werden im Prinzip auch die meisten Aufläufe.
Wenn sich auch die Begriffe teilweise überschneiden, so habe ich doch versucht, die typischen Eigenarten und deren Auswirkung auf die Zubereitung von Aufläufen, Gratins und Soufflés auf den folgenden Seiten aufzuzeigen.
Ein Wort noch zu den Portionen: Manche Rezepte habe ich für mehr als 4 Portionen aufgeschrieben, da sich erst dann der Aufwand oder der Kauf gewisser Zutaten lohnt. Manche wiederum eignen sich besonders gut als Vorspeise; auch das ist jeweils vermerkt.
Wenn Sie nun in diesem neuen Bildkochbuch blättern, bekommen Sie ganz bestimmt sofort Lust zum Ausprobieren. Ich wünsche Ihnen dazu gutes Gelingen und guten Appetit!

Ihr
Christian Teubner

Praktisches für Leckerbissen aus dem Ofen

Gehaltvolle Aufläufe

Ein typisches Merkmal für Aufläufe ist ihre gehaltvolle Zusammensetzung, gleichgültig, ob sie nun pikant oder süß sind. Sie werden also meistens als Hauptgerichte serviert.
Aufläufe sind sehr beliebt, weil man so gut wie alles dazu verarbeiten kann, auch Reste – was durchaus nichts über die Qualität eines Auflaufs aussagt, denn es können sehr anspruchsvolle Gerichte daraus entstehen.
Die Grundlage der einfachsten Vertreter dieser großen Rezeptfamilie ist Brot. Daher finden Sie einige Brotaufläufe gleich im ersten Rezeptkapitel. Wie köstlich sie schmecken können, beweist die Beliebtheit des »Ramequin«.
Typisch für Aufläufe ist auch die relativ unkomplizierte Zubereitung. Es muß lediglich darauf geachtet werden, daß alle Bestandteile die gleiche Garzeit haben. Zutaten mit längerer Garzeit müssen vorgegart oder gegart verwendet werden. Meist ist es dann eine Eiermilch, die das Ganze zusammenhält; oft wird auch noch mit Käse überbacken.
Die Grundmassen für süße Aufläufe sind eher etwas luftiger und lassen sich mit einem gehaltvollen Biskuit vergleichen.
Typische Auflaufformen gibt es eigentlich nicht. Man verwendet meist irdene Gefäße von mittlerer Höhe, damit der Auflauf beim Backen auch etwas aufgehen kann. Wichtig ist, daß die Formen ofenfest sind. Zur Not läßt sich ein Auflauf aber auch in einem Topf aus Edelstahl oder Gußeisen zubereiten.
Ein weiterer Vorzug: Man kann die meisten Aufläufe schon einige Stunden vor dem Backen vorbereiten und in die Form geben. Doch sollte man den Guß erst unmittelbar, bevor der Auflauf in den Backofen geschoben wird, darübergießen.
Aufläufe werden ohne Ausnahme jeweils auf der unteren Schiene des Backofens gebacken. Da die Gerichte relativ unempfindlich sind, kann man den Ofen schon mal 10 Minuten vor Ende der Garzeit ausschalten, um die Restwärme auszunützen.

Schnelle Gratins

Gratins sind die vielseitigsten Gerichte, die man sich vorstellen kann, denn gratinieren/überbakken kann man fast alles. Sie können Vorspeisen, Hauptgerichte, Beilagen oder Desserts zaubern, denn es gibt ja auch süße Gratins, zum Beispiel kleine Obstgratins (siehe Seite 90), die rasch zubereitet und ein besonders feiner Nachtisch sind. Von den Aufläufen unterscheiden sich die Gratins (es gibt natürlich Ausnahmen) durch die kürzere Backzeit bei größerer Hitze.
Die Zutaten für ein Gratin sind in den meisten Fällen vorher schon gegart worden. Sie erhalten durch eine weiße oder Béchamelsauce oder auch nur durch eine Käsekruste ihr »Finish«. Die Vielseitigkeit der Gratins besteht darin, daß Sie, angefangen vom Fleisch über Fisch, Krustentiere, Gemüse, Kartoffeln, Teigwaren und Obst, eigentlich alles überbacken können. Durch die Sauce bleiben die bereits fertig gegarten Zutaten saftig. Für kreative Köchinnen und Köche bietet ein Gratin hervorragende Möglichkeiten zur geschmackvollen Kombination unterschiedlicher Zutaten.
Gratinformen sollten möglichst flach und groß sein, so daß das Gratin eine große Oberfläche aufweist und beim Backen möglichst viel Kruste entsteht. Wie gesagt, werden Gratins meist nur kurz gebacken, da die Zutaten bereits gar sind. Aber auch hier bestätigen Ausnahmen die Regel, denn zum Beispiel das französische Kartoffelgratin wird grundsätzlich mit rohen Kartoffeln zubereitet und hat deshalb natürlich eine entsprechend lange Backzeit.
Auch Gratins lassen sich (zumindest teilweise) wie die Aufläufe einige Stunden vorher vorbereiten. Die Gratiniersauce sollte jedoch immer erst kurz vor dem Backen zubereitet werden, denn sie darf keinesfalls auskühlen, damit sie nicht zu dickflüssig oder gar fest wird. Je nachdem, welche Gratinierzeit nötig ist, wird Käse sofort über die Oberfläche gestreut; oft geschieht dies aber auch erst nach der halben Backzeit, denn die meisten Käsesorten sind empfindlich, und wenn sie zu stark gebräunt werden, schmecken sie leicht bitter. Den »letzten Schliff« bei einem guten Gratin geben

Praktisches für Leckerbissen aus dem Ofen

meist die Butterflöckchen, die auf der Oberfläche verteilt werden. Gratins werden in den meisten Fällen auf die Mittelschiene in den vorgeheizten Backofen geschoben, damit sich eine schöne Kruste entwickeln kann.

Luftige Soufflés

Soufflés gelten, ganz zu Unrecht, als die »Schwierigen« der Auflauffamilie. Wenn man korrekt die Rezeptanweisungen befolgt, können sie eigentlich nicht mißlingen.
Die Soufflémasse besteht meist aus einer Béchamelsauce, die mit den jeweiligen Geschmackszutaten vermischt wird. Darunter kommen dann die Eigelbe. Das Eiweiß wird grundsätzlich zu schnittfestem Schnee geschlagen. Und nun kommt der für das Gelingen eines Soufflés entscheidende Schritt: Der Eischnee muß so unter die Grundmasse gemischt werden, daß die gesamte Masse möglichst wenig an Volumen verliert. Das erreicht man am besten, wenn man zuerst etwa ¼ bis ⅓ des Eischnees mit dem Schneebesen unter die Grundmasse rührt, die dadurch lockerer wird und dann den restlichen Schnee leichter aufnimmt. Der große Rest des Eischnees wird anschließend mit einem Holzspatel vorsichtig untergehoben.
Es gibt Soufflés, bei denen ein Teil der geschmacksgebenden Zutaten als »Füllung« unter der Soufflémasse in die Form gegeben wird (siehe Seite 74). Ähnlich werden süße Soufflés mit Früchten kombiniert. Der Boden der Form wird mit den jeweiligen Früchten ausgelegt und darüber die Soufflémasse eingefüllt. Das Aroma der Früchte (vor allem, wenn parfümierender Alkohol hinzugefügt wurde) teilt sich beim Backen der gesamten Masse mit.
Die traditionelle Souffléform ist rund, meist aus dünnwandigem Porzellan, Steingut oder Glas, auf jeden Fall hitzebeständig. Der Rand muß absolut senkrecht nach oben verlaufen, damit das Soufflé gleichmäßig hoch aufgehen kann. Man kann andere, annähernd identische Formen verwenden, auch wenn sie nach oben konisch verlaufen. Bei den Rezepten dieses Buches ist zwar die Größe der benötigten Form jeweils angegeben. Trotzdem sollten Sie darauf achten, daß eine Souffléform immer nur zu ⅔ gefüllt werden darf, damit später die aufgegangene Masse nicht herausläuft. Für Soufflés als Vorspeise verwendet man am besten kleine Portionsförmchen. Sie fallen dann nicht so leicht zusammen, weil man die Portionen nicht erst mit dem Löffel herausstechen muß.
Die Formen werden in der Regel mit Butter ausgestrichen, wobei man auf das Einfetten des Randes verzichten kann, denn das Soufflé steigt auch an der ungefetteten, glatten Formwand empor.
Wie ein Soufflé richtig gebacken wird, darüber sind selbst die Meinungen der Fachleute geteilt. In den Rezepten dieses Buches werden die Soufflés ganz normal im Backofen gebacken, und zwar grundsätzlich auf der unteren Schiene. Die Ofentür soll während der ersten ¾ der Backzeit nicht geöffnet werden; hier ist ein Backofen mit Sichtfenster natürlich ideal. Die in den Rezepten angegebenen Backzeiten beziehen sich auf einen konventionellen Herd mit Strahlungshitze. Je nach Herdtyp sind Abweichungen möglich; dann müssen Sie nach den Erfahrungen mit Ihrem Herd die Temperaturen eventuell angleichen. Bei Heißluft-Backöfen (darin geraten Soufflés besonders gut) sollte man die Backtemperatur um etwa 5° reduzieren. Sollte Ihr erstes Soufflé dennoch zusammenfallen, verlieren Sie bitte nicht den Mut, denn schmecken wird es allemal.
Man kann ein Soufflé aber auch im Wasserbad garen, was ihm besonders gut bekommt, denn durch den entstehenden Dampf kann es sich vortrefflich entwikkeln. Ein entsprechend großes Gefäß (in das die Souffléform mit mindestens 1 cm Randabstand gut hineinpaßt) wird so weit mit heißem Wasser aufgefüllt, daß die Form 4–6 cm hoch im Wasser steht. Das Ganze in den vorgeheizten Backofen schieben und das Soufflé, wie im jeweiligen Rezept beschrieben, garen. Sollte die Oberfläche kurz vor Ende der Garzeit nicht braun genug sein, die Form aus dem Wasserbad nehmen und das Soufflé weitere 5–10 Minuten im trockenen Ofen fertig backen.

Brotauflauf mit Fleischfüllung

Im Bild vorne

Zutaten für 4 Portionen:
30–40 kleine Weißbrotscheiben
(je nach Größe), 1 cm dick
50 g Zwiebel
50 g Karotten/Möhren
2 mittelgroße Tomaten
30 g Butter
200 g gemischtes Hackfleisch
½ Teel. Salz
1 Teel. edelsüßes Paprikapulver
frisch gemahlener Pfeffer
1 Eßl. gehackte Petersilie
etwas Thymian · 1 Ei
Für die Form:
50 g Butter
Außerdem:
⅛ l gewürzte Fleischbrühe
Für den Guß:
¼ l Milch · ⅛ l Sahne
4 Eier · 1 Teel. Salz
frisch gemahlener Pfeffer
Zum Bestreuen und Belegen:
60 g geriebener Käse
(Greyerzer/Gruyère)
40 g Butter

Vorbereitungszeit: 40–50 Minuten
Backzeit: etwa 40 Minuten

Die Hälfte der Brotscheiben auf die Arbeitsfläche legen. Die Zwiebel schälen, die Karotten putzen, beides kleinwürfeln. Die Tomaten kurz brühen, abziehen und in Würfel schneiden.
Die Butter in einer Pfanne zerlassen. Die Zwiebel- und Karottenwürfel darin einige Minuten andünsten. Das Hackfleisch zugeben und bei starker Hitze 3–4 Minuten anbraten. Die Tomatenwürfel zufügen, weitere 3–4 Minuten dünsten, dann sofort vom Herd nehmen. Mit den Gewürzen und Kräutern abschmecken und mit dem Ei binden.
Die Füllung auf die ausgelegten Brotscheiben verteilen und jede mit einer zweiten Scheibe zudekken. Eine große Form mit der Butter ausstreichen. Die gefüllten Brote schuppenartig hineinlegen und mit der Fleischbrühe befeuchten.
Alle Zutaten für den Guß verrühren und über die Brote gießen. Den Auflauf im auf 200° vorgeheizten Backofen auf der unteren Schiene etwa 20 Minuten backen. Dann mit dem Käse und der Butter in Flöckchen bestreuen und weitere 15–20 Minuten backen, bis die Oberfläche knusprig braun ist. Mit frischem Salat servieren.

Ramequin

Im Bild hinten

Zutaten für 4 Portionen:
Für die Form:
40 g weiche Butter
Für den Auflauf:
10 Scheiben Weißbrot oder
Toastbrot
10 Scheiben Greyerzer/Gruyère
oder Emmentaler Käse (250 g)
⅛ l trockener Weißwein
Für den Guß:
3 Eier · ½ Teel. Salz
⅜ l Milch
(oder halb Milch, halb Sahne)
etwas frisch gemahlener Pfeffer
und geriebene Muskatnuß

Vorbereitungszeit: 20–30 Minuten
Backzeit: 25–30 Minuten

Eine große Form mit der weichen Butter ausstreichen. Die Brotscheiben mit den Käsescheiben belegen und schuppenartig in die Form schichten. Mit dem Weißwein beträufeln.
Alle Zutaten für den Guß verrühren und über die Brote gießen. Den Ramequin im auf 200° vorgeheizten Backofen auf der unteren Schiene in 25–30 Minuten schön goldbraun backen.

Varianten: Sie können zusätzlich 200 g Schinken oder 2–3 Tomaten in Scheiben dazwischenschichten. Die Tomaten machen den Auflauf sehr saftig.

Birnenauflauf mit Roquefort

Zutaten für 4–6 Portionen:
Für die Form:
30 g weiche Butter
Für den Auflauf:
12 Scheiben Weißbrot (etwa 300 g)
⅛ l trockener Weißwein
750 g Birnen
100 g geriebener Edamer oder Goudakäse
160 g Roquefortkäse
100 g gekochter Schinken
Für den Guß:
2 Eier · ⅛ l Sahne
⅛ l Milch · ¼ Teel. Salz
frisch gemahlener Pfeffer
Zum Belegen:
50 g Butter

Vorbereitungszeit: 50 Minuten
Backzeit: 40–50 Minuten

Eine große Auflaufform (nicht höher als 5 cm) mit der Butter ausstreichen. Eine Schicht Weißbrot hineinlegen und mit der Hälfte des Weins beträufeln. Die Birnen schälen, vom Kernhaus befreien und in Spalten schneiden. Die Hälfte der Birnen auf die Brotschicht legen. Den geriebenen Käse darüber verteilen. Den Roquefortkäse in kleine Würfel schneiden und die Hälfte davon auf den Auflauf streuen. Den Schinken in schmale Streifen schneiden und ebenfalls darüberstreuen. Jetzt eine zweite Schicht Weißbrot auflegen, mit dem restlichen Wein beträufeln, mit den übrigen Birnenspalten kranzförmig belegen und mit den Roquefortwürfeln bestreuen.
Für den Guß die Eier mit dem Schneebesen verrühren. Alle übrigen Zutaten zufügen, nochmals verrühren und über den Auflauf gießen. Im auf 200° vorgeheizten Backofen auf der unteren Schiene 20 Minuten backen. Dann die Oberfläche mit der Butter in Flöckchen belegen. Weitere 20–30 Minuten backen, bis die Oberfläche schön braun und die Flüssigkeit gestockt ist.

Brotauflauf mit Pilzfüllung

Ohne Abbildung

Zutaten für 4 Portionen:
300 g Weißbrot in Scheiben
90 g Butter
500 g Pilze (Pfifferlinge oder Steinpilze)
70 g Zwiebeln
40 g Karotten/Möhren
½ Teel. Salz
frisch gemahlener Pfeffer
1 Eßl. gehackte Petersilie
3 Eßl. Sahne
⅛ l gewürzte Fleischbrühe
Für den Guß:
2 Eier · ⅛ l Sahne
¼ Teel. Salz
frisch gemahlener Pfeffer

Vorbereitungszeit: 35–40 Minuten
Backzeit: 30–35 Minuten

Das Weißbrot in etwa 2 cm große Würfel schneiden. 60 g Butter in einer großen Pfanne zerlassen und die Brotwürfel darin hell anrösten. Die Pilze putzen und in dünne Scheiben schneiden; kleine Pfifferlinge nicht zerschneiden. Die Zwiebeln schälen, die Karotten putzen, beide in feine Würfel schneiden. In einer zweiten Pfanne 30 g Butter erhitzen. Die Zwiebel- und Karottenwürfel darin hell anlaufen lassen. Die Pilze zugeben und bei guter Hitze 3–4 Minuten dünsten. Vom Herd nehmen, salzen, pfeffern, dann die Petersilie und die Sahne darunterrühren.
In eine ungefettete Auflaufform die Hälfte der Brotwürfel geben, mit der Hälfte der Fleischbrühe beträufeln. Die Pilze darauf verteilen, mit den übrigen Brotwürfeln abdecken und mit der restlichen Fleischbrühe beträufeln. Für den Guß die Eier mit der Sahne verrühren, salzen, pfeffern und gleichmäßig über den Auflauf gießen. Im auf etwa 200° vorgeheizten Backofen auf der unteren Schiene 30–35 Minuten backen, bis die Oberfläche schön knusprig braun ist.
Dazu paßt ein gemischter Blattsalat.

Schinkenfleckerln

Diese österreichische Mehlspeise ist sozusagen ein Prototyp für Nudelaufläufe. Wenn man »echte« Fleckerln will, sollte auch der Nudelteig selbst gemacht werden. Doch wenn's schnell gehen muß, kann man sich natürlich auch mit fertig gekauften Bandnudeln behelfen; man zerbricht sie zu kleinen Quadraten.

Zutaten für 4–6 Portionen:
Für den Teig:
300 g Mehl · 3 Eier
1 Teel. Salz
2–3 Eßl. Pflanzenöl
Mehl zum Ausrollen
Für den Auflauf:
Salz · 50 g roher Schinken
200 g gekochter Schinken
80 g Zwiebeln · 30 g Butter
Für die Form:
Butter
Für den Guß:
3 Eier · ⅛ l saure Sahne
⅛ l Milch · 1 Teel. Salz
frisch gemahlener Pfeffer
Zum Belegen:
60 g Butter

Vorbereitungszeit: 90 Minuten
Ruhezeit für den Teig: etwa 2 Stunden
Backzeit: 30–40 Minuten

Für den Teig das Mehl auf eine Arbeitsfläche häufen und in die Mitte eine Mulde drücken. Die Eier nacheinander aufschlagen und hineingleiten lassen. Das Salz und das Öl zufügen. Mit Hilfe einer Gabel die Eier mit dem Salz und dem Öl verquirlen und dabei etwas Mehl untermischen. Dann mit beiden Händen das Mehl von außen nach innen schieben und mit der Eimischung vermengen. Nach und nach das gesamte Mehl hineinkneten. Sollte der Teig zu fest sein, kann man etwas Wasser unterarbeiten. Den Teig so lange kneten, bis er glänzend, glatt und elastisch ist. In Folie einwickeln und etwa 2 Stunden ruhen lassen.
Den Nudelteig in 6 Portionen teilen. Die einzelnen Teigstücke mit etwas Mehl so dünn wie möglich ausrollen. Ein großes Küchentuch mit Mehl bestauben und die Teigfladen darauf trocknen lassen, bis sie nicht mehr kleben, aber noch weich genug zum Schneiden sind.

Bild 1: Die Teigplatten aufeinanderlegen, dazwischen jeweils etwas Mehl einstauben, und in 6–8 cm breite Streifen schneiden; diese wiederum aufeinanderlegen.

Bild 2: Den Stapel aus Teigstreifen in etwa 1 cm breite Streifen und diese dann in Quadrate schneiden. Das Küchentuch wieder mit Mehl bestauben und die »Fleckerln« darauf locker verstreuen, damit sie trocknen können.
3 l Wasser mit Salz zum Kochen bringen. Die Fleckerln in das kochende Salzwasser geben und 8–10 Minuten garen. Sie sollen »al dente«, also bißfest sein. Dann abgießen, kurz mit kaltem Wasser abschrecken und abtropfen lassen.

Bild 3: Die Fleckerln in eine Schüssel geben. Den rohen und den gekochten Schinken kleinwürfeln und zufügen. Die Zwiebeln schälen und würfeln. Die Butter zerlassen, die Zwiebelwürfel darin hell anschwitzen, über die Nudel-Schinken-Mischung geben und alles gut mischen.

Bild 4: Eine große Form mit Butter ausstreichen und die Nudelmischung einfüllen.
Für den Guß die Eier mit dem Schneebesen verrühren, dann die übrigen Zutaten darunterrühren.

Bild 5: Den Guß gleichmäßig über die Schinkenfleckerln verteilen. Die Oberfläche mit der Butter in Flöckchen belegen.

Bild 6: Den Backofen auf 200° vorheizen. Den Auflauf auf der unteren Schiene hineinschieben und 30–40 Minuten backen. Nach etwa 25 Minuten kontrollieren, ob die Oberfläche schon zu braun ist; dann mit Alufolie oder Pergamentpapier abdecken.

Tip: Besonders kräftig schmekken die Schinkenfleckerln, wenn man im Kochwasser für die Nudeln zuvor einen Schinkenknochen auskocht.

Hörnchenauflauf nach sardischer Art

Zutaten für 4–6 Portionen:
500 g Tomaten
400 g Auberginen
400 g Zucchini · 100 g Zwiebeln
2 Knoblauchzehen
⅛ l feines Olivenöl · Salz
¼ Teel. frisch gemahlener Pfeffer
½ Teel. gehackter Thymian
2 Teel. gehacktes Basilikum
1 Eßl. gehackte Petersilie
200 g gekochter Schinken
200 g Erbsen, frisch oder tiefgefroren
300 g Hörnchen
1 Ei · 4 Eßl. Sahne
80 g geriebener Pecorinokäse
Für die Form:
Öl

Vorbereitungszeit: 70 Minuten
Backzeit: 30–40 Minuten

Die Tomaten kurz brühen, abziehen und in Scheiben schneiden. Die Auberginen und die Zucchini gründlich waschen, vom Stielansatz befreien und in etwa ½ cm dicke Scheiben schneiden. Die Zwiebeln schälen und würfeln. Die Knoblauchzehen schälen und zerdrücken. Das Olivenöl in einer Pfanne erhitzen. Die Zwiebelwürfel und den Knoblauch darin hell anschwitzen. Die Gemüsescheiben in eine große Schüssel geben, mit dem Pfanneninhalt übergießen, mit 1 Teelöffel Salz, dem Pfeffer und der Hälfte der gehackten Kräuter bestreuen. Den Schinken würfeln und mit den Erbsen dazugeben. Etwa 1 Stunde zugedeckt durchziehen lassen.
Die Hörnchen in Salzwasser etwa 10 Minuten sprudelnd kochen, dann abgießen und abtropfen lassen; nicht abschrecken. Das Ei mit dem Schneebesen verrühren, die Sahne, den Käse und die restlichen Kräuter zufügen und die Mischung unter die Hörnchen heben. Eine große Form mit Öl ausstreichen. ⅓ der angemachten Hörnchen einfüllen. Die marinierte Gemüsemischung darüber verteilen und mit den restlichen Hörnchen abdecken. Im auf 200° vorgeheizten Backofen auf der unteren Schiene 30–40 Minuten backen.

Schinken-Nudel-Auflauf

Bild auf Seite 2/3

Zutaten für 4 Portionen:
250 g Rigatoni oder Makkaroni
Salz · 400 g Tomaten
60 g Zwiebeln · 1 Knoblauchzehe
150 g Zucchini
2 Eßl. feines Olivenöl
je ½ Teel. gehackter Oregano und gehacktes Basilikum
frisch gemahlener Pfeffer
⅛ l Rotwein · 2 Teel. Zitronensaft
2 Eßl. gewürfelte schwarze Oliven
250 g gekochter Schinken
100 g Erbsen, frisch oder tiefgefroren
Für die Form:
Olivenöl
Zum Bestreuen und Beträufeln:
80 g geriebener Parmesankäse
Olivenöl

Vorbereitungszeit: 45 Minuten
Backzeit: 20–25 Minuten

Die Nudeln in Salzwasser sprudelnd in 12–15 Minuten »al dente« kochen, abgießen und abtropfen lassen. Makkaroni in Stücke schneiden. Die Tomaten kurz brühen, abziehen, von Stielansatz und Kernen befreien und in Stükke schneiden. Die Zwiebeln schälen und würfeln. Die Knoblauchzehe schälen und zerdrücken. Die Zucchini waschen, vom Stielansatz befreien und in feine Würfel schneiden. Das Öl in einer Pfanne erhitzen. Die Zwiebelwürfel und den Knoblauch darin hell anschwitzen. Die Zucchiniwürfel und die Hälfte der Tomaten zufügen, mit ½ Teelöffel Salz, den Kräutern und etwas Pfeffer würzen, dann mit dem Rotwein aufgießen. 5–6 Minuten bei guter Hitze einkochen lassen. Den Zitronensaft und die Oliven unterrühren. Den Schinken würfeln.
In eine geölte Form eine Schicht Nudeln, darauf die Gemüsesauce, den Schinken, Nudeln, die restlichen Tomaten und die Erbsen geben. Mit dem Käse bestreuen, mit Öl beträufeln. Im auf 220° vorgeheizten Backofen (untere Schiene) 20–25 Minuten backen.

Griechischer Nudelauflauf

Pastitsio

Auch ein schlichter Nudelauflauf kann weltberühmt werden. Ob es die Gastarbeiter oder die Touristen waren oder ob ihm sein interessantes Aussehen dazu verhalf, jedenfalls ist das Lieblingsgericht der Griechen heute überall bekannt und beliebt. Der Auflauf kann als Vorspeise in kleinen Portionen gereicht werden, als sättigendes Hauptgericht oder kalt als Zwischenmahlzeit, denn tatsächlich schmeckt er auch kalt ganz gut, weil für die Zubereitung nur reines Olivenöl verwendet wird.

Zutaten für 4 Portionen:

250 g Makkaroni
Salz

Für die Füllung:

100 g Zwiebeln
4 Tomaten (etwa 250 g)
½ Tasse feines Olivenöl
500 g Rinderhackfleisch
30 g Tomatenmark
1 Tasse Fleischbrühe
2 Knoblauchzehen
½ Teel. Salz
frisch gemahlener Pfeffer
1 Eßl. gehackte Petersilie
2 Eßl. Semmelbrösel
80 g Fetakäse

Für die Sauce:

20 g Butter
20 g Mehl
¼ l Milch
2 Eigelbe
etwas Salz und geriebene Muskatnuß
30 g geriebener Parmesan- oder Pecorinokäse

Für die Form:

Öl

Vorbereitungszeit: 70–80 Minuten
Backzeit: 30–35 Minuten

Die Makkaroni in Salzwasser etwa 10 Minuten sprudelnd kochen lassen, vom Herd nehmen, in ein Sieb schütten und mit warmem Wasser abbrausen.
Für die Füllung die Zwiebeln schälen und in kleine Würfel schneiden. Die Tomaten kurz brühen, abziehen und in grobe Würfel schneiden. Das Olivenöl in einer großen Pfanne erhitzen und die Zwiebelwürfel darin hell anschwitzen. Das Rinderhackfleisch zugeben und unter ständigem Rühren etwa 5 Minuten anbraten. Dann das Tomatenmark und die in Stücke geschnittenen Tomaten zugeben und mit der Fleischbrühe aufgießen. Die Knoblauchzehen schälen. Die Fleischmasse mit dem Salz, etwas Pfeffer, dem zerdrückten Knoblauch und der gehackten Petersilie würzen und etwa 20 Minuten kochen lassen. Vom Herd nehmen, die Semmelbrösel darunterrühren und zum Schluß den in kleine Stücke gehackten Fetakäse untermischen.
Für die Sauce die Butter in einer Kasserolle zerlaufen lassen, das Mehl zugeben und unter Rühren etwa 2 Minuten anschwitzen. Dann die Milch nach und nach zugießen. Die Sauce mit dem Schneebesen kräftig durchrühren und etwa 5 Minuten kochen lassen. Dann vom Herd nehmen. Die Eigelbe darunterrühren. Die Sauce mit Salz und Muskatnuß würzen und zum Schluß den geriebenen Käse einmischen.
Eine große Form mit Öl ausstreichen und als erste Schicht eine Lage Makkaroni der Länge nach hineinlegen, darauf Hackfleischfüllung und eine weitere Schicht Makkaroni, dann wieder Hackfleischfüllung; so weiter verfahren, bis die Form gefüllt ist. Wenn man darauf achtet, daß die Makkaroni immer in einer Richtung liegen, dann sieht der Auflauf im Anschnitt besonders schön aus. Als Abschluß die Sauce über den Auflauf verteilen und glattstreichen. Den Backofen auf 220° vorheizen. Den Auflauf darin auf der unteren Schiene 30–35 Minuten backen, bis er eine goldbraune Kruste bekommen hat. Die Form herausnehmen und den Pastitsio etwas abkühlen lassen, bevor man ihn in gleichmäßige Portionen aufteilt.

Kartoffelgratin

Zutaten für 4 Portionen:
600 g Kartoffeln
1 Knoblauchzehe
4 Eßl. feines Pflanzenöl
Für die Füllung:
50 g Zwiebel
100 g Lauch/Porree
250 g Tomaten
2 Eßl. Pflanzenöl
250 g Schweinehackfleisch
1 Teel. Salz
frisch gemahlener Pfeffer
1 Eßl. gehackte Kapern
2 Eßl. gehacktes Basilikum
Für die Form:
Butter
Für die Sauce:
20 g Butter · 20 g Mehl
¼ l Milch · etwas Salz
Pfeffer und geriebene Muskatnuß
80 g geriebener Parmesankäse

Vorbereitungszeit: 80 Minuten
Backzeit: 30–35 Minuten

Die Kartoffeln schälen und in dünne Scheiben schneiden. Die Knoblauchzehe schälen und zerdrücken. Das Öl in einer großen Pfanne erhitzen und den Knoblauch darin hell anschwitzen. Die Kartoffelscheiben zufügen und hellbraun braten.
Die Zwiebel schälen und feinhakken. Den Lauch (nur das Weiße) gründlich waschen und ebenfalls feinhacken. Die Tomaten kurz brühen, abziehen, von Stielansatz und Kernen befreien und in kleine Würfel schneiden. In einer zweiten Pfanne das Öl erhitzen. Das Hackfleisch hineingeben und bei starker Hitze 2–3 Minuten anbraten. Dann die Zwiebel-, Lauch- und Tomatenstückchen zugeben, mit dem Salz, etwas Pfeffer, den Kapern und dem Basilikum würzen und weitere 5–6 Minuten bei guter Hitze braten. Eine Auflaufform mit Butter ausstreichen. Eine Schicht Kartoffeln einfüllen, darauf die Hackfleischmasse (etwas andrücken) und darüber schuppenartig die restlichen Kartoffeln. Aus der Butter, dem Mehl und der Milch eine Béchamelsauce bereiten, würzen und über den Auflauf verteilen. Mit dem Käse bestreuen und im auf 210 bis 220° vorgeheizten Backofen auf der Mittelschiene in 30–35 Minuten goldbraun backen.

Mangoldauflauf

Ohne Abbildung

Zutaten für 4 Portionen:
1 kg Mangold oder Winterspinat
Salz
Für die Füllung:
50 g Zwiebel · 2 Knoblauchzehen
2 Eßl. gutes Olivenöl
250 g mageres Lammhackfleisch
½ Teel. Salz
frisch gemahlener Pfeffer
etwas Rosmarin und reichlich
gehacktes Basilikum
3–4 Eßl. gewürzte Fleischbrühe
50 g geriebener Pecorino- oder
Parmesankäse
Für die Form:
Olivenöl
Zum Bestreuen und Beträufeln:
Salz · frisch gemahlener Pfeffer
100 g Edelpilzkäse
1 Eßl. gehackte Petersilie
2 Eßl. Semmelbrösel · Olivenöl

Vorbereitungszeit: 50 Minuten
Backzeit: 20–30 Minuten

Den Mangold oder Spinat waschen, die unteren, allzu dicken Stielenden abschneiden. Das Gemüse in grobe Streifen schneiden, in kochendem Salzwasser etwa 2 Minuten blanchieren, mit dem Schaumlöffel herausheben und sofort in Eiswasser abschrecken. Die Zwiebel schälen und feinwürfeln. Die Knoblauchzehen schälen und zerdrücken. Das Öl in einer Pfanne erhitzen. Die Zwiebelwürfel und den Knoblauch darin hell anschwitzen. Das Lammhack mitbraten. Das Salz, Pfeffer, Kräuter und die Brühe zufügen. 2–3 Minuten dünsten. Vom Herd nehmen. Den Käse zufügen. In eine geölte Form eine Schicht Mangold einfüllen, leicht salzen und pfeffern. Darauf eine Schicht Fleischfüllung, wieder Mangold, den Rest Fleisch und mit Mangold abschließen. Den Käse würfeln und aufstreuen. Die Petersilie mit den Bröseln mischen, ebenfalls aufstreuen und wenig Öl darüberträufeln. Den Auflauf im auf 200° vorgeheizten Backofen (untere Schiene) 20–30 Minuten backen.

Kohlrabi-Möhren-Auflauf

Im Bild hinten

Zutaten für 4–6 Portionen:
700 g Kohlrabi (etwa 4 Stück)
300 g Karotten/Möhren
6 Eßl. Öl
¼ l Fleischbrühe · 100 g Zwiebel
1 Knoblauchzehe
50 g durchwachsener Räucherspeck
500 g Rinderhackfleisch
30 g Tomatenmark
½ Teel. Salz
etwas frisch gemahlener Pfeffer
2 Eßl. gehackte, gemischte Kräuter (Petersilie, Schnittlauch, Liebstöckel, Basilikum)
Für die Form:
Butter
Für die Sauce:
20 g Butter · 20 g Mehl
⅛ l Milch
etwas Salz und Pfeffer
80 g geriebener Emmentaler Käse

Vorbereitungszeit: 60 Minuten
Backzeit: etwa 30 Minuten

Die Kohlrabi schälen und in Stifte schneiden. Die Karotten putzen und in Würfel schneiden. 4 Eßlöffel Öl in einer entsprechend großen Kasserolle erhitzen, die Kohlrabistifte und Karottenwürfel dazugeben und mit der Fleischbrühe übergießen. Das Gemüse bei Mittelhitze 4–5 Minuten dünsten. Dann vom Herd nehmen und auf einem Sieb ablaufen lassen; die Brühe beiseite stellen. Die Zwiebel schälen und würfeln, die Knoblauchzehe ebenfalls schälen und zerdrücken. Die Zwiebelwürfel und den Knoblauch in 2 Eßlöffeln Öl hell anlaufen lassen. Den Speck in ganz kleine Würfel schneiden und zur Zwiebel geben. Das Rinderhackfleisch zufügen und bei starker Hitze unter ständigem Rühren kurz anbraten. Dann das Tomatenmark und ⅛ Liter der aufgefangenen Gemüsebrühe zusetzen und alles mit dem Salz, Pfeffer und den Kräutern würzen. 3–4 Minuten dünsten. Die Fleischmischung in eine mit Butter ausgestrichene Auflaufform füllen. Die Kohlrabistifte und Karottenwürfel darauf verteilen.
Aus der Butter, dem Mehl, der Milch, Salz und Pfeffer eine Béchamelsauce kochen und zum Schluß den Käse darunterrühren. Diese Sauce über den Auflauf verteilen. Im vorgeheizten Backofen bei 200° auf der unteren Schiene etwa 30 Minuten backen.

Weißkohlauflauf

Im Bild vorne

Zutaten für 4–6 Portionen:
500 g gemischtes Hackfleisch
80 g Zwiebel · Salz
frisch gemahlener Pfeffer
2 Teel. edelsüßes Paprikapulver
1 Eßl. gehackte Petersilie
2 Eier · 1 Eßl. Semmelbrösel
2 Eßl. geriebener Parmesankäse
½ l Fleischbrühe
800 g Weißkohl
1 Eßl. Kümmel
100 g durchwachsener Räucherspeck
Für den Guß:
200 g saure Sahne
50 g geriebener Parmesankäse

Vorbereitungszeit: 50 Minuten
Backzeit: 35–40 Minuten

Das Hackfleisch in eine Schüssel geben. Die Zwiebel schälen, würfeln und mit ½ Teelöffel Salz, Pfeffer, dem Paprikapulver, der Petersilie, den Eiern, den Semmelbröseln und dem Parmesankäse zum Fleisch geben. Alles verkneten und daraus kleine Bällchen von etwa 2,5–3 cm Durchmesser formen. Die Fleischbrühe zum Kochen bringen. Die Bällchen etwa 3 Minuten darin ziehen lassen. Herausnehmen und warm stellen. Den Weißkohl in dünne Streifen schneiden, in die Fleischbrühe geben, mit etwas Salz und dem Kümmel würzen und etwa 15 Minuten dünsten. Den Speck in kleine Würfel schneiden und in der Auflaufform auf dem Herd einige Minuten anrösten. Den Kohl mit etwas Brühe in die Form füllen und mit den Speckwürfeln vermischen. Die Fleischbällchen daraufgeben.
Die saure Sahne mit dem Käse verrühren und über die Bällchen gießen. Den Auflauf im vorgeheizten Backofen bei 210 bis 220° auf der unteren Schiene 35–40 Minuten backen.

Makkaronigratin

Zutaten für 4–6 Portionen:
250 g Makkaroni
Salz
etwas Öl
Für Füllung und Sauce:
400 g Tomaten
120 g Zwiebeln
2 Knoblauchzehen
80 g durchwachsener Räucherspeck
150 g frische Champignons
2 Eßl. Öl
250 g gemischtes Hackfleisch
1 Teel. Salz
etwas frisch gemahlener Pfeffer
1 Eßl. edelsüßes Paprikapulver
½ Eßl. gehackter Majoran
2 Eßl. Tomatenmark
⅛ l kräftiger Rotwein
⅛ l Fleischbrühe
½ Teel. Zucker
Für die Form:
Butter
Zum Bestreuen:
100 g geriebener Emmentaler Käse

Vorbereitungszeit: 60–70 Minuten
Backzeit: 15–20 Minuten

Die Makkaroni in Salzwasser mit etwas Öl »al dente« kochen, das heißt, sie sollten noch etwas Biß haben; abseihen, kalt abbrausen und abtropfen lassen.
Die Tomaten kurz brühen, abziehen, den Stielansatz entfernen und das Fruchtfleisch in kleine Würfel schneiden oder hacken. Die Zwiebeln schälen und feinwürfeln. Die Knoblauchzehen ebenfalls schälen und zerdrücken. Den Speck in kleine Würfel schneiden. Die Champignons möglichst nur gut waschen und abtropfen lassen, notfalls abziehen, und blättrig schneiden.
Das Öl in einer großen Pfanne erhitzen. Die Champignonscheibchen darin kurz anbraten und mit dem Schaumlöffel wieder herausnehmen. Das Öl erneut erhitzen und die Speckwürfel darin anrösten. Das Fett etwas abschöpfen, dann die Zwiebelwürfel und den zerdrückten Knoblauch in der Pfanne anlaufen lassen. Das Hackfleisch zugeben und bei starker Hitze 2–3 Minuten unter ständigem Rühren kräftig anbraten. Mit dem Salz, etwas Pfeffer, dem Paprikapulver und dem Majoran würzen. Das Tomatenmark und anschließend die gewürfelten frischen Tomaten zufügen. Etwa 5 Minuten bei starker Hitze dünsten, dann mit dem Rotwein und der Fleischbrühe aufgießen und bei Mittelhitze etwa 15 Minuten köcheln lassen.
Die Fleisch-Tomaten-Mischung in ein Sieb schütten und die abgelaufene Sauce in eine entsprechend große Kasserolle geben. Mit dem Zucker würzen und bei Mittelhitze etwa zur Hälfte einkochen lassen.
Eine Auflaufform mit Butter ausstreichen und eine Schicht Makkaroni hineinlegen. Die Fleisch-Tomaten-Mischung und die Champignons darauf verteilen, mit den restlichen Makkaroni abdecken. Die eingedickte Tomatensauce darauf verteilen. Die Oberfläche mit dem Käse bestreuen. Im auf 220° vorgeheizten Backofen auf der Mittelschiene 15–20 Minuten überbacken.

Variante: Gefüllte Cannelloni

Das vorangegangene Rezept läßt sich ohne Mühe in ein Cannellonigericht umwandeln. Aus 300 g Mehl, 3 Eiern, 1 Teelöffel Salz und 3 Eßlöffeln Öl einen Nudelteig herstellen (siehe auch Seite 13). Den Teig mindestens 1 Stunde zugedeckt kühl stellen und ruhen lassen. Anschließend dünn ausrollen, in Quadrate von etwa 10 × 10 cm schneiden und diese 10–15 Minuten antrocknen lassen. Die Teigstücke in sprudelndem Salzwasser etwa 5 Minuten kochen und abtropfen lassen. Die Hackfleischfüllung wie im vorangegangenen Rezept zubereiten, die Teigquadrate damit füllen, aufrollen und in die gebutterte Auflaufform legen. Die reduzierte Tomatensauce darübergießen, die Oberfläche mit dem Käse bestreuen und die Cannelloni im vorgeheizten Ofen ebenso überbacken wie das Makkaronigratin.

Gefüllte Nudelblätter

Lasagne al forno

Diese italienische Spezialität schmeckt überall anders. Die diversen Varianten haben eigentlich nur ihre einheitliche Form gemein, nämlich breite Nudelblätter, die mit unterschiedlichen Zutaten gefüllt und überbacken werden. Bei uns hat sich die Version mit grünen Nudeln und »Sauce bolognese« durchgesetzt. Das folgende Rezept stammt aus Süditalien und ist sicher eines der feinsten.

Zutaten für 4–6 Portionen:
200 g Lasagneblätter · Salz
Für die Füllung:
50 g Zwiebel
1 Knoblauchzehe
150 g frische Champignons
50 g Butter
250 g Schweinehackfleisch
½ Teel. Salz
frisch gemahlener Pfeffer
250 g Tomaten
⅛ l trockener Rotwein
2 Teel. gehacktes Basilikum
4 Sardellenfilets
Für die Form:
Butter
Außerdem:
4 hartgekochte Eier
200 g Mozzarellakäse
60 g geriebener Parmesankäse
⅛ l Sahne

Vorbereitungszeit: 70 Minuten
Backzeit: 20–30 Minuten

Die Lasagneblätter in reichlich Salzwasser in 10–12 Minuten nicht zu weich kochen; dann in eine Schüssel mit kaltem Wasser geben, damit sie geschmeidig bleiben.
Für die Füllung die Zwiebel schälen und feinwürfeln. Die Knoblauchzehe ebenfalls schälen. Die Champignons putzen und in kleine Würfel schneiden.

Bild 1: Die Butter in einer entsprechend großen Pfanne zerlaufen lassen und die Zwiebelwürfel sowie die ganz fein zerdrückte Knoblauchzehe darin hell anlaufen lassen. Das Hackfleisch dazugeben und bei starker Hitze anbraten, bis es grau ist. Mit dem Salz und Pfeffer würzen. Die Tomaten kurz in kochendes Wasser tauchen, dann die Haut abziehen. Die Tomaten halbieren und die Kerne entfernen. Das Fruchtfleisch in Würfel schneiden und zum Hackfleisch geben. Die gewürfelten Champignons zufügen, mit dem Rotwein aufgießen und das Ganze etwa 10 Minuten dünsten. Zum Schluß das Basilikum und die feingehackten Sardellenfilets dazugeben.

Bild 2: Die Form mit Butter ausstreichen. Die Lasagneblätter zunächst zum Abtropfen auf ein Küchentuch legen; dann die Form mit Nudelblättern auslegen, so daß sie über den Rand hängen.

Bild 3: Etwa ⅓ der Füllung auf die Lasagneblätter streichen. Die Eier in Scheiben schneiden und die Füllung mit Eischeiben belegen.

Bild 4: Den Mozzarellakäse in dünne Scheiben schneiden und von diesen einige auf die Eischeiben legen. Mit etwas geriebenem Parmesankäse bestreuen. Darauf wieder eine Schicht Lasagneblätter, Fleischfüllung und so weiter, bis alle Zutaten aufgebraucht sind.

Bild 5: Die überstehenden Teigblätter zur Mitte über die Füllung legen und die Lasagne mit einem letzten Teigblatt abdecken. Den übrigen Parmesan (etwa die Hälfte, also 30 g) mit der Sahne verrühren und diese Mischung über die Lasagne gießen.

Bild 6: Die Lasagne in dem auf 200° vorgeheizten Backofen auf der unteren Schiene in 20–30 Minuten hellbraun überbacken und heiß mit einem frischen Salat servieren.

Zwiebelauflauf

Im Bild vorne

Zutaten für 4 Portionen:
600 g Gemüsezwiebeln
4 Eßl. feines Pflanzenöl
200 g Tomaten
500 g gemischtes Hackfleisch
2 Eßl. Tomatenmark
2 Teel. edelsüßes Paprikapulver
1 Teel. Salz
etwas frisch gemahlener Pfeffer
1 Eßl. gehackte Petersilie
1 Eßl. kleingeschnittener Schnittlauch
4 Eßl. kräftiger Rotwein
2 Teel. Mehl
Für die Sauce:
30 g Butter · 30 g Mehl
¼ l Milch · ¼ Teel. Salz
etwas frisch gemahlener Pfeffer
60 g geriebener Emmentaler Käse
Zum Bestreuen:
2 Teel. kleingeschnittener Schnittlauch

Vorbereitungszeit: 50 Minuten
Backzeit: 25–30 Minuten

Die Gemüsezwiebeln schälen und in 2–3 mm dicke Scheiben schneiden. Das Öl in einer großen Pfanne erhitzen. Die Zwiebelscheiben darin 3–4 Minuten dünsten; dabei hin und her bewegen. Die Zwiebelringe mit dem Schaumlöffel herausnehmen und abtropfen lassen. Die Tomaten kurz brühen, abziehen, hacken.
Das in der Pfanne zurückgebliebene Öl wieder erhitzen. Das Hackfleisch hineingeben, mit einem Kochlöffel ständig rühren und zerkrümeln und bei starker Hitze kurz anbraten. Die gehackten Tomaten sowie das Tomatenmark dazugeben. Mit dem Paprikapulver, dem Salz, etwas Pfeffer, der Petersilie und dem Schnittlauch würzen. Mit dem Rotwein aufgießen und alles 5–6 Minuten schmoren. Mit dem Mehl bestauben und unter Rühren 1 weitere Minute schmoren. Den Pfanneninhalt mit den Zwiebelringen mischen und in eine ungefettete Auflaufform füllen.
Für die Sauce die Butter in einer Kasserolle zerlaufen lassen. Das Mehl einstreuen und hell anschwitzen. Mit der Milch aufgießen, salzen, pfeffern und kräftig durchrühren. Etwa 10 Minuten leicht köcheln lassen. Den Käse darunterrühren und die Sauce über den Auflauf gießen. Im auf 200° vorgeheizten Backofen auf der unteren Schiene 25–30 Minuten backen. Vor dem Servieren mit dem Schnittlauch bestreuen.

Lauchgratin

Im Bild hinten

Zutaten für 4 Portionen:
1 kg Lauch/Porree, geputzt
Salz · 200 g gekochter Schinken
100 g mittelalter Goudakäse
Für die Form:
Butter
Für die Sauce:
30 g Butter · 20 g Mehl
⅛ l Sahne · ⅛ l Milch
½ Teel. Salz
etwas frisch gemahlener Pfeffer und geriebene Muskatnuß
100 g geriebener mittelalter Goudakäse

Vorbereitungszeit: 40 Minuten
Backzeit: etwa 30 Minuten

Den Lauch sorgfältig putzen und waschen, die Wurzeln und die harten Blätter entfernen, so daß 1 kg küchenfertiger Lauch übrigbleibt. Die Stangen in etwa 5 cm lange Stücke schneiden und diese in Salzwasser etwa 10 Minuten kochen; dann gut abtropfen lassen. Den Schinken und den Käse in Würfel schneiden.
Die Hälfte vom Lauch in eine mit Butter ausgestrichene Auflaufform schichten. Die Schinken- und Käsewürfel darüberstreuen. Den restlichen Lauch einfüllen.
Für die Sauce die Butter in einer Kasserolle zerlaufen lassen. Das Mehl einstreuen und hell anschwitzen. Mit der Sahne sowie der Milch aufgießen und kräftig rühren. Mit dem Salz, etwas Pfeffer und Muskat würzen und bei geringer Hitze 8–10 Minuten kochen. Dann den Käse darunterrühren, bis er sich aufgelöst hat. Die Käsesauce über das Lauchgratin gießen. Im auf 200° vorgeheizten Backofen auf der Mittelschiene etwa 30 Minuten überbacken.

Provenzalischer Auflauf mit Reis

Zutaten für 8 Portionen:
250 g Zwiebeln
2 Knoblauchzehen
100 g Karotten/Möhren
6 Eßl. feines Pflanzenöl
600 g gemischtes Hackfleisch
½ Teel. Salz
1 Eßl. edelsüßes Paprikapulver
50 g Tomatenmark
½ Teel. Thymianblättchen
1 Eßl. gehackte Petersilie
1 Teel. gehackte Kapern
⅛ l Fleischbrühe
⅛ l kräftiger Rotwein
Für den Reis:
250 g Langkornreis · Salz
je 1 rote und grüne Paprikaschote
100 g Stangensellerie/ Bleichsellerie
Für den Belag:
1 Aubergine (etwa 250 g)
2 Zucchini (etwa 300 g)
½ Salatgurke (etwa 300 g)
2–4 Tomaten (etwa 400 g)
Für die Form:
30 g weiche Butter
Für den Guß:
4 Eier · ¼ l Sahne
150 g geriebener mittelalter Goudakäse

Vorbereitungszeit: 70–80 Minuten
Backzeit: 40–50 Minuten

Die Zwiebeln schälen und feinhacken. Die Knoblauchzehen schälen und zerdrücken oder ganz fein hacken. Die Karotten putzen und in ganz kleine Würfel schneiden. In einer großen Pfanne das Öl erhitzen. Zuerst die Zwiebelwürfel darin hell anschwitzen, dann den Knoblauch und die Karottenwürfel 2–3 Minuten mitdünsten. Das Hackfleisch zugeben, unter ständigem Rühren bei guter Hitze zerkrümeln und 2–3 Minuten anbraten. Mit dem Salz, dem Paprikapulver, dem Tomatenmark, dem Thymian, der Petersilie und den Kapern würzen. Nach weiteren 2–3 Minuten die Fleischbrühe und den Wein angießen und alles noch einige Minuten schmoren, bis die Flüssigkeit etwas verdampft ist.
Den Reis in kochendem Salzwasser etwa 8 Minuten vorgaren, kurz kalt abschrecken und abtropfen lassen. Die Paprikaschoten halbieren, von Stielansatz, Kernen und weißen Trennhäuten befreien und in Würfel schneiden. Die Selleriestangen putzen, in dünne Scheiben schneiden und mit den Paprikawürfeln unter den Reis mischen.
Die Auberginen und Zucchini waschen, die Stielansätze entfernen und die Früchte in gleichmäßig dicke Scheiben schneiden. Die Gurke schälen und ebenfalls in Scheiben schneiden. Die Tomaten kurz brühen, abziehen und auch in Scheiben schneiden. Eine Auflaufform von etwa 3 Liter Inhalt mit der weichen Butter ausstreichen. Eine Schicht von der Reismischung einfüllen, die ganze Hackfleischmasse darauf verteilen und mit dem restlichen Reis abdecken. Die Auberginen-, Zucchini-, Gurken- und Tomatenscheiben abwechselnd, überlappend obenauf verteilen.
Für den Guß die Eier und die Sahne mit dem Schneebesen kräftig verrühren, dann den Käse darunterrühren. Die Hälfte vom Guß gleichmäßig auf dem Auflauf verteilen. Den Reisauflauf in den auf 200° vorgeheizten Backofen auf die untere Schiene schieben und 20 Minuten backen. Dann den restlichen Guß darüber verteilen und das Gericht weitere 20–30 Minuten im Ofen garen. Falls die Oberfläche zu dunkel wird, mit Pergamentpapier oder Alufolie abdecken.
Dazu paßt ein pikant angemachter Blattsalat und kräftiger Rotwein (möglichst der gleiche, der im Auflauf verwendet wurde).

Variante: Provenzalischer Auflauf mit Nudeln

Das vorangegangene Rezept läßt sich statt mit Reis auch mit Nudeln zubereiten. Hörnchen eignen sich besonders gut. 250 g Nudeln in Salzwasser »al dente« kochen, kalt abschrecken und ablaufen lassen. Die Nudeln mit den Paprikawürfeln und den Selleriescheiben mischen und weiterverarbeiten wie im nebenstehenden Rezept.

Hecht-Gemüse-Gratin

Für überbackene Fischgerichte kann man natürlich auch andere Fischsorten verwenden, seien es nun Süß- oder Salzwasserfische. Das feste Fleisch und der pikante Geschmack des Hechts harmonieren hervorragend mit den Gemüsen, die für das folgende Gratin verwendet wurden.
Wenn ein ganzer Fisch verwendet wird, wie in diesem Rezept, dann sollte man natürlich die Geschmacksstoffe nutzen, die im »Abfall« vorhanden sind, und daraus eine Brühe kochen.

Zutaten für 4 Portionen:
1 Hecht von etwa 2 kg
(filetiert etwa 850 g)
Für die Brühe:
120 g Lauch/Porree
100 g Karotten/Möhren
50 g Zwiebel
50 g Knollensellerie
1½ l Wasser
½ Teel. Salz
Für das Gemüse:
80 g Zwiebel
½ Knoblauchzehe
je ½ rote, grüne und gelbe Paprikaschote
1 Aubergine (etwa 250 g)
3 Eßl. feines Pflanzenöl
½ Teel. Salz
etwas frisch gemahlener Pfeffer
1 Teel. edelsüßes Paprikapulver
1 Eßl. gemischte gehackte Kräuter (Basilikum, Petersilie, Thymian, Schnittlauch)
Für die Sauce:
20 g Butter
15 g Mehl
¼ l Fischbrühe
2 Eßl. Crème fraîche
Salz und frisch gemahlener Pfeffer
80 g feingeriebener mittelalter Goudakäse
Zum Bestreuen und Belegen:
2 Eßl. Semmelbrösel
1 Eßl. gehackte Kräuter (wie oben)
50 g Butter

Vorbereitungszeit: 80–90 Minuten
Backzeit: 15–20 Minuten

Den Hecht längs halbieren und die Filets auslösen. Die Karkassen, nämlich Kopf, Haut und Schwanz, etwa ¼ Stunde unter fließendem Wasser reinigen. Für die Brühe den Lauch, die Möhren, die Zwiebel sowie den Sellerie waschen und putzen beziehungsweise schälen und grob zerkleinern. Die Karkassen mit dem Wasser, dem Salz und dem zerkleinerten Gemüse bei geringer Hitze so lange langsam köcheln lassen, bis die Flüssigkeit auf etwa ⅓ reduziert ist. Dann die Brühe durch ein feines Sieb abgießen.
Die Zwiebel schälen und feinhakken. Die halbe Knoblauchzehe schälen und zerdrücken. Die Paprikaschoten von den Stielansätzen und Kernen befreien, dann in schmale Streifen schneiden. Von der Aubergine den Stielansatz abschneiden, das Fruchtfleisch in dünne Scheiben schneiden. In einer großen Pfanne das Öl erhitzen. Zunächst die Zwiebelwürfel und den Knoblauch darin hell anlaufen lassen. Dann die Paprikastreifen und Auberginenscheiben zugeben und bei guter Hitze ganz kurz von allen Seiten anbraten. Mit dem Salz, etwas Pfeffer und dem Paprikapulver würzen und mit den Kräutern bestreuen.
Die Gemüsemischung in eine ungefettete große Auflaufform füllen. Die Hechtfilets in 4 gleichmäßig große Stücke teilen und auf das Gemüse legen.
Für die Sauce die Butter in einer Kasserolle zerlaufen lassen. Das Mehl einstreuen und hell anschwitzen. Mit der Fischbrühe aufgießen und mit dem Schneebesen kräftig durchrühren. Die Sauce 5–8 Minuten langsam köcheln lassen. Die Crème fraîche zugeben, mit Salz und Pfeffer nachwürzen, dann den Käse daruntterrühren. Mit dieser Sauce die Hechtfilets überziehen.
Die Semmelbrösel mit den gehackten Kräutern mischen und über das Gratin streuen. Die Butter in Flöckchen daraufsetzen. Im auf 220° vorgeheizten Backofen auf der Mittelschiene 15–20 Minuten backen. Zwischendurch mit einer Nadel die Garprobe machen, damit der Fisch nicht zu lange gart und dadurch trocken wird.

Reisauflauf mit Riesengarnelen

Zutaten für 4–6 Portionen:

300 g tiefgefrorene Schollenfilets
150 g Stangensellerie/ Bleichsellerie
250 g Lauch/Porree
500 g Fenchel
250 g grüne Paprikaschoten
50 g Butter
½ Teel. Salz
etwas frisch gemahlener Pfeffer
½ Teel. gemahlener Ingwer
200 g Hähnchenbrustfilets

Für den Reis:

250 g Langkornreis
Salz
½ Teel. Kurkuma
1 Messerspitze Zimtpulver
2 Nelken
1 Messerspitze Cayennepfeffer

Für die Form:

Öl

Außerdem:

¼ Teel. Salz
etwas frisch gemahlener Pfeffer
6 Eßl. Tomatenketchup
½ Teel. Tabasco
12 Riesengarnelen

Für die Sauce:

30 g Butter
20 g Mehl
¼ l Milch
⅛ l Sahne
2 Eier
½ Teel. Salz
einige Tropfen Tabasco

Vorbereitungszeit: 60–70 Minuten
Backzeit: 20–30 Minuten

Die Schollenfilets auftauen lassen. Den Bleichsellerie putzen und in kleine Stücke schneiden. Den Lauch sorgfältig putzen und waschen und in dünne Scheiben schneiden. Den Fenchel ebenfalls sorgfältig waschen, das holzige Ende entfernen und den Fenchel dann in Scheiben schneiden. Die Paprikaschoten halbieren, die Kerne, den Stiel sowie die inneren weißen Häute entfernen und die Schoten in Würfel oder Streifen schneiden.

In einer großen Pfanne die Butter zerlaufen lassen. Das Gemüse nacheinander hineingeben und bei starker Hitze einige Minuten dünsten. Mit dem Salz, etwas Pfeffer und dem Ingwerpulver würzen, dann mit einer Schaumkelle aus der Pfanne heben und beiseite stellen. Die Hähnchenbrustfilets in kleine Würfel schneiden, in die Pfanne geben, bei starker Hitze ganz kurz anbraten, sofort herausnehmen und zum Gemüse geben.

Für den Reis Salzwasser zum Kochen bringen, mit dem Kurkuma, dem Zimt, den Nelken und dem Cayennepfeffer würzen und den Reis darin 7–8 Minuten vorgaren. Vom Herd nehmen, durch ein Sieb gießen und ablaufen lassen. Den Reis unter das Gemüse mischen.

Eine große Auflaufform mit Öl ausstreichen. Eine Schicht von der Reis-Gemüse-Mischung einfüllen, darauf die aufgetauten Schollenfilets verteilen. Das Salz, etwas Pfeffer, das Tomatenketchup und die Tabascosauce verrühren, über die Schollenfilets streichen und das Ganze mit dem Rest der Reis-Gemüse-Mischung abdecken.

Von den Riesengarnelen die Schwänze abdrehen, die Schale und die Beine entfernen, den Schwanzfächer jedoch daranlassen. Jeweils den Darm entfernen (er schaut an der Schnittstelle als schwarzer Faden hervor und läßt sich leicht herausziehen). Die Garnelen dann auf der Oberfläche des Auflaufs verteilen.

Für die Sauce die Butter in einer Kasserolle zerlaufen lassen, das Mehl einstreuen und hell anschwitzen. Mit der Milch ablöschen. Die Sauce mit dem Schneebesen kräftig durchrühren und aufkochen lassen, bis sie sämig gebunden ist. Vom Herd nehmen. Die Sahne sowie nach und nach die Eier darunterrühren, mit dem Salz und Tabasco pikant würzen. Mit dieser Sauce den Auflauf übergießen. Den Backofen auf 220° vorheizen. Den Auflauf auf der unteren Schiene einschieben und etwa 10 Minuten backen. Dann die Hitze reduzieren. Weitere 10–20 Minuten backen, bis die Oberfläche schön braun und die Flüssigkeit gestockt ist.

Zu diesem delikaten Auflauf paßt ein pikant abgeschmeckter, frischer Blattsalat sehr gut oder auch ein Salat aus Chinakohl, mit Joghurt angemacht.

Matjes-Kartoffel-Gratin

Zutaten für 4 Portionen:
350 g Matjesfilets
100 g Karotten/Möhren
100 g Knollensellerie
2 Eßl. feines Pflanzenöl
250 g Zwiebeln
800 g Kartoffeln
150 g Senfgurken
etwas Salz und frisch gemahlener Pfeffer
Für die Form:
Butter
Zum Begießen und Belegen:
¼ l Sahne · 1 Eigelb
60 g Butter · 2 Tomaten
Salz und frisch gemahlener Pfeffer
1 Eßl. gehackte Petersilie

Vorbereitungszeit: 40 Minuten
Backzeit: etwa 50 Minuten

Die Matjesfilets nur, wenn sie zu salzig sein sollten, über Nacht wässern, dann in 3–4 cm große Stücke schneiden. Die Karotten putzen und in ganz kleine Würfel schneiden, desgleichen den Sellerie. In einer Pfanne das Öl erhitzen. Die Karotten- und die Selleriewürfel 2–3 Minuten darin dünsten. Die Zwiebeln schälen und in Ringe schneiden. Die Kartoffeln ebenfalls schälen, in etwa 2 mm dicke Scheiben schneiden und abtrocknen. Die Senfgurke ganz fein würfeln. Eine große Auflaufform dick mit Butter ausstreichen und eine Schicht Kartoffelscheiben hineinlegen. Darauf die angedünsteten Karotten- und Selleriewürfel und darüber die Matjesstücke und die Zwiebelringe verteilen. Mit den Senfgurkenwürfeln bestreuen. Mit wenig Salz (es kommt auf die Schärfe der Matjesfilets an) und Pfeffer würzen. Mit den restlichen Kartoffelscheiben abdecken.
Die Sahne mit dem Eigelb verrühren und über das Gratin gießen. Die Oberfläche mit 30 g Butter in Flöckchen belegen. Auf die Mittelschiene in den auf 200° vorgeheizten Backofen schieben und etwa 25 Minuten backen.
Die Tomaten in Scheiben schneiden, auf das Gratin legen, mit etwas Salz und Pfeffer sowie der gehackten Petersilie bestreuen. Mit den restlichen Butterflöckchen belegen und weitere 25 Minuten backen, bis die Kartoffeln weich sind.

Fisch-Curry-Gratin

Ohne Abbildung

Zutaten für 4 Portionen:
750 g Fischfilet (Schellfisch oder Kabeljau)
⅛ l trockener Weißwein
1 Eßl. Zitronensaft
50 g Karotten/Möhren
50 g Knollensellerie
100 g Lauch/Porree
40 g Butter
100 g Ananas in Scheiben (Dose)
Für die Sauce:
50 g Zwiebel · 1 Knoblauchzehe
30 g Butter · 1 Teel. Mehl
1 Eßl. Currypulver · ¼ Teel. Salz
⅛ l Sahne · ⅛ l Milch · 1 Eigelb

Vorbereitungszeit: 60 Minuten
Backzeit: 20–25 Minuten

Die Fischfilets kurz unter fließendem Wasser abwaschen, abtrocknen, in eine Schüssel geben und mit dem Weißwein sowie dem Zitronensaft etwa 30 Minuten marinieren. Die Karotten, den Sellerie und den Lauch putzen. Die Karotten in Stifte, die Sellerieknolle in kleine Würfel, den Lauch in Scheiben schneiden. In einer großen Auflaufform die Butter zerlassen. Das Gemüse hineingeben und auf dem Herd 2–3 Minuten dünsten. Die Fischfilets aus der Marinade nehmen und auf das Gemüse legen. Die Ananasscheiben gut abtropfen lassen, kleinwürfeln und darüberstreuen.
Für die Sauce die Zwiebel schälen und feinwürfeln. Die Knoblauchzehe schälen und zerdrücken. Die Butter in einer Kasserolle zerlassen. Die Zwiebelwürfel und den Knoblauch darin kurz anschwitzen. Das Mehl zugeben, gut durchrühren, den Curry und das Salz darüberstreuen. Mit der Sahne und der Milch aufgießen. Die Sauce 5–6 Minuten kochen, mit dem Eigelb verrühren und über die Fischfilets gießen. Auf die Mittelschiene in den auf 220° vorgeheizten Backofen schieben und in 20–25 Minuten goldgelb backen.

Italienisches Gemüsegratin

Zutaten für 4 Portionen:
2 Auberginen (etwa 400 g)
3–4 Zucchini (etwa 400 g)
je 1 rote, grüne und gelbe Paprikaschote
600 g Tomaten · 150 g Zwiebeln
2 Knoblauchzehen
4 Eßl. Olivenöl · 1 Teel. Salz
etwas frisch gemahlener Pfeffer
1 Teel. gehacktes Basilikum
½ Teel. gehackte Pfefferminze
½ Teel. gehackter Oregano
6 Sardellenfilets
Für die Form:
Butter
Für die Sauce:
20 g Butter · 20 g Mehl
⅛ l trockener italienischer Weißwein
⅛ l Sahne · ½ Teel. Salz
etwas frisch gemahlener Pfeffer
eventuell etwas Milch
80 g geriebener Parmesankäse

Vorbereitungszeit: 50–60 Minuten
Backzeit: 25–30 Minuten

Die Auberginen waschen, den Stiel abschneiden und die Früchte ungeschält in dünne Scheiben schneiden. Die Zucchini ebenfalls gründlich waschen, vom Stiel befreien und in Scheiben schneiden. Die Paprikaschoten halbieren, Stielansatz, Kerne und weiße Trennhäute entfernen und die Schoten in etwa 1 cm breite Streifen schneiden. Die Tomaten kurz brühen, abziehen und vierteln oder achteln. Die Zwiebeln schälen und in feine Würfel schneiden, die Knoblauchzehen ebenfalls schälen und zerdrücken oder ganz fein hacken.
Das Öl in einer großen Pfanne erhitzen. Die Zwiebelwürfel darin hell anschwitzen. Dann den zerdrückten Knoblauch, die Auberginen- und Zucchinischeiben sowie die Paprikastreifen in die Pfanne geben. Das Gemüse unter ständigem Rühren höchstens 1–2 Minuten dünsten, dann sofort vom Herd nehmen. Die Tomatenstükke zufügen. Mit dem Salz, etwas Pfeffer und den gehackten Kräutern würzen. Die Sardellenfilets halbieren. Eine Auflaufform mit Butter ausstreichen. Das Gemüse in die Form schichten. Die Sardellenfilets auf der Oberfläche verteilen.
Für die Sauce die Butter in einer kleinen Kasserolle erhitzen, das Mehl einstreuen und hell anschwitzen. Zunächst mit dem Weißwein aufgießen. Die Sauce mit dem Schneebesen gründlich glattrühren und einige Minuten köcheln lassen. Mit dem Salz und etwas Pfeffer würzen. Sollte die Sauce zu dick sein, kann man sie mit etwas Milch verdünnen. Zum Schluß den geriebenen Käse darunterrühren und die Sauce über das Gemüse gießen. Auf die Mittelschiene in den auf 210° vorgeheizten Backofen schieben und 25–30 Minuten backen.

Überbackene Zucchini

Ohne Abbildung

Zutaten für 4 Portionen:
800 g Zucchini
50 g Butter · ½ Teel. Salz
etwas frisch gemahlener Pfeffer
1 Teel. Thymianblättchen
2 Teel. gehackte Petersilie
Für den Guß:
¼ l Sahne · 2 Eier
¼ Teel. Salz
etwas geriebene Muskatnuß
100 g Fontinakäse

Vorbereitungszeit: 60–70 Minuten
Backzeit: 30–40 Minuten

Die Zucchini waschen, von den Stielen befreien und in etwa ½ cm dicke Scheiben schneiden. Die Butter in einer großen Pfanne zerlaufen lassen, die Zucchinischeiben darin bei starker Hitze von beiden Seiten hell anbraten. Mit dem Salz und etwas Pfeffer würzen, mit dem Thymian und der Petersilie bestreuen. Das Gemüse in eine ungefettete große Auflaufform schichten.
Für den Guß die Sahne und die Eier mit einem Schneebesen verrühren. Mit dem Salz und Muskat würzen. Den Käse würfeln und darunterrühren. Diese Mischung über die Zucchinischeiben verteilen. Im auf 220° vorgeheizten Backofen auf der Mittelschiene 30–40 Minuten überbacken.

Kartoffel-Zucchini-Gratin

Zutaten für 4–8 Portionen:
600 g Zucchini
400 g Kartoffeln
50 g Schalotten
2 Knoblauchzehen
40 g Butter
¼ l Fleischbrühe
Für die Form:
Butter
Zum Bestreuen und Belegen:
Salz
frisch gemahlener Pfeffer
2 Teel. Thymianblättchen
2 Teel. gehacktes Basilikum
50 g Butter
50 g geriebener Parmesankäse
30 g Semmelbrösel

Vorbereitungszeit: etwa 40 Minuten
Backzeit: 40–45 Minuten

Die Zucchini unter fließendem Wasser sauber abbürsten und die Stielansätze abschneiden. Die Zucchini in etwa 2 mm dicke Scheiben schneiden. Die Kartoffeln (sie sollten etwa den gleichen Durchmesser haben wie die Zucchini) waschen, schälen, in gleich dicke Scheiben schneiden.
Die Schalotten schälen und feinhacken. Die Knoblauchzehen ebenfalls schälen und zerdrücken. Die Butter in einer Pfanne zerlaufen lassen. Die Schalottenwürfel und den zerdrückten Knoblauch darin hell anschwitzen. Mit der Fleischbrühe aufgießen und 3–4 Minuten kochen lassen.
Eine entsprechend große Auflaufform mit Butter ausstreichen. Die Zucchini- und Kartoffelscheiben abwechselnd in die Form schichten, so daß sie schräg stehen, wie auf dem nebenstehenden Bild. Mit Salz, Pfeffer, den Thymianblättchen und dem Basilikum bestreuen. Dann die Fleischbrühe mit den Schalottenwürfeln darübergießen. 50 g Butter in kleinen Flöckchen daraufsetzen. Den Käse mit den Semmelbröseln mischen und das Gratin damit bestreuen. Im vorgeheizten Backofen bei 200° auf der mittleren Schiene 40–45 Minuten backen.

Paprikapfanne mit Knoblauchwurst

Ohne Abbildung

Zutaten für 4 Portionen:
100 g Zwiebeln
1 Knoblauchzehe
je 2 grüne und rote Paprikaschoten
2 Eßl. feines Pflanzenöl
400 g Tomaten · 1 Teel. Salz
frisch gemahlener Pfeffer
2 Teel. edelsüßes Paprikapulver
1 Teel. getrockneter Oregano
1 Eßl. gehackte Petersilie
6 Eßl. Fleischbrühe
300 g geräucherte Knoblauchwurst
4 Eßl. Semmelbrösel
150 g tiefgefrorene Erbsen
Für die Form:
Butter
Zum Bestreuen:
60 g geriebener Parmesankäse

Vorbereitungszeit: 35–40 Minuten
Backzeit: etwa 20 Minuten

Die Zwiebeln schälen und in feine Würfel schneiden. Die Knoblauchzehen schälen und zerdrükken. Die Paprikaschoten von Stielansatz, Kernen und weißen Trennhäuten befreien und in Würfel schneiden. Das Öl in einer großen Pfanne erhitzen, die Zwiebelwürfel und den Knoblauch darin hell anschwitzen. Die Paprikawürfel dazugeben und bei guter Hitze 5–6 Minuten dünsten. Die Tomaten kurz überbrühen, abziehen und in Würfel schneiden. Zur Paprikamischung in die Pfanne geben. Mit dem Salz, etwas Pfeffer, dem Paprikapulver, dem Oregano und der Petersilie würzen. Die Fleischbrühe zugießen und das Ganze etwa 5 Minuten dünsten. Die Knoblauchwurst in feine Scheiben schneiden und mit den Semmelbröseln unter das Gemüse mischen. Die Erbsen zufügen. Eine Auflaufform mit Butter ausstreichen, die Paprika-Wurst-Mischung einfüllen und die Oberfläche mit dem Parmesankäse bestreuen. Den Auflauf im vorgeheizten Ofen bei 200 °C auf der unteren Schiene etwa 20 Minuten backen.

Tomatengratin

Zutaten für 4 Portionen:
8 mittelgroße, reife Tomaten
1 Scheibe Toastbrot
80 g Zwiebeln
20 g Butter
2 Teel. gehackte Kapern
1 Eßl. gehackte Kräuter (Petersilie, Basilikum, eventuell Thymian)
Salz und frisch gemahlener Pfeffer
150 g geriebener Emmentaler Käse
100 g gekochte Kartoffeln
Für die Form:
Butter
Für den Guß:
3 Eier
⅛ l gewürzte Fleischbrühe
⅛ l Milch
Salz und frisch gemahlener Pfeffer
2 Eßl. kleingeschnittener Schnittlauch
1 Teel. edelsüßes Paprikapulver
Zum Belegen:
50 g Butter

Vorbereitungszeit: 50–60 Minuten
Backzeit: 20–30 Minuten

Die Tomaten waschen, den Stielansatz entfernen und einen Deckel abschneiden. Mit einem Teelöffel nur die Kerne herausnehmen; das Fruchtfleisch soll darin bleiben. Das Toastbrot in Würfel schneiden. Die Zwiebeln schälen und würfeln. Die Butter in einer Pfanne erhitzen. Die Brotwürfel darin anrösten. Dann die Zwiebelwürfel zugeben und 2–3 Minuten dünsten. Vom Herd nehmen. Die gehackten Kapern sowie die Kräuter daruntermischen, salzen und pfeffern. Wenn die Mischung abgekühlt ist, den geriebenen Käse darunterrühren. Die Tomaten mit der Mischung füllen. Die Kartoffeln schälen und in dünne Scheiben schneiden.
Eine große Auflaufform mit Butter ausstreichen, die gefüllten Tomaten hineinsetzen. Die Zwischenräume in der Form mit Kartoffelscheiben füllen.
Für den Guß die Eier mit dem Schneebesen verrühren, dann nacheinander die Fleischbrühe und die Milch zugeben, mit Salz, Pfeffer, dem Schnittlauch und dem Paprikapulver würzen. Diese Mischung über die Kartoffeln gießen. Die Oberfläche mit der Butter in Flöckchen besetzen. Das Gratin auf der Mittelschiene in den auf 220° vorgeheizten Backofen schieben und 20–30 Minuten backen, bis die Oberfläche knusprig braun ist.

Broccoligratin

Ohne Abbildung

Zutaten für 4 Portionen:
1200 g Broccoli
Salz
Für die Form:
Butter
gehackte Mandeln
Für die Sauce:
30 g Butter
20 g Mehl
¼ l Milch
½ Teel. Salz
etwas frisch gemahlener Pfeffer
etwas geriebene Muskatnuß
80 g geriebener Parmesankäse
Zum Bestreuen und Belegen:
30 g gehackte Mandeln
50 g Butter

Vorbereitungszeit: 35–40 Minuten
Backzeit: 20–30 Minuten

Den Broccoli waschen, die Stiele etwas abschneiden, größere Stükke halbieren und das Gemüse in möglichst wenig Salzwasser etwa 5 Minuten kochen. Herausnehmen und abtropfen lassen.
Eine große Auflaufform dick mit Butter ausstreichen und mit gehackten Mandeln ausstreuen. Den Broccoli einschichten.
Für die Sauce die Butter in einer Kasserolle zerlaufen lassen, das Mehl einstreuen und hell anschwitzen. Mit der Milch aufgießen, mit dem Salz, etwas Pfeffer und Muskat würzen und die Sauce bei geringer Hitze unter Rühren etwa 5 Minuten köcheln lassen. Den Käse darunterrühren. Die Sauce über den Broccoli gießen. Die Oberfläche mit den gehackten Mandeln bestreuen und die Butter in Flöckchen darüber verteilen. In dem auf 220° vorgeheizten Backofen auf der Mittelschiene 20–30 Minuten backen, bis die Oberfläche braun ist.

Chicoréegratin mit Schinkenfüllung

Zutaten für 4 Portionen:
700 g Chicorée
(etwa 6–8 Stauden)
Für die Füllung:
40 g Schalotten
200 g gekochter Schinken
30 g Butter
2 Eßl. gemischte gehackte Kräuter (Petersilie, Schnittlauch, Basilikum und Liebstöckel)
Für die Form:
Butter
Für die Sauce:
40 g Butter · 20 g Mehl
½ l Milch · 1 Teel. Salz
etwas frisch gemahlener Pfeffer
etwas geriebene Muskatnuß
300 g geriebener mittelalter Goudakäse

Vorbereitungszeit: 35–40 Minuten
Backzeit: 20–25 Minuten

Von den Chicoréestauden, wenn nötig, die äußeren Blätter entfernen und den Strunk keilförmig herausschneiden. Dann die Stauden halbieren und in etwa 1 cm breite Streifen schneiden.
Für die Füllung die Schalotten schälen und sehr fein hacken. Den Schinken in dünne Streifen schneiden. Die Butter in einer Pfanne zerlaufen lassen und die feingehackten Schalotten darin hell anschwitzen. Die Schinkenstreifen dazugeben, einmal kurz in der Butter durchschwenken und sofort vom Herd nehmen. Die Hälfte der gehackten Kräuter darüberstreuen.
Eine Auflaufform mit Butter ausstreichen und die Hälfte des geschnittenen Chicorées hineinlegen. Darauf die angebratenen Schinkenstreifen verteilen und mit dem restlichen Chicorée abdecken.
Für die Sauce die Butter in einer Kasserolle zerlaufen lassen, das Mehl einstreuen und hell anschwitzen. Mit der Milch aufgießen, mit dem Salz, etwas Pfeffer und Muskat würzen und die Sauce bei schwacher Hitze unter Rühren 10–15 Minuten köcheln lassen. Dann den Käse zugeben und rühren, bis er sich aufgelöst hat. Die Sauce über den Chicorée gießen und das Gratin in dem auf 220° vorgeheizten Backofen auf der Mittelschiene 20–25 Minuten backen.

Fenchelgratin

Ohne Abbildung

Zutaten für 4 Portionen:
1 kg Fenchel · Salz
60 g Zwiebeln
100 g gekochter Schinken
250 g Tomaten · 20 g Butter
einige Basilikumblättchen
etwas frisch gemahlener Pfeffer
Für den Guß:
¼ l Fleischbrühe
⅛ l Sahne · 1 Ei
200 g feingeriebener alter Gouda- oder Sbrinzkäse
eventuell Salz und frisch gemahlener Pfeffer

Vorbereitungszeit: 50 Minuten
Backzeit: etwa 20 Minuten

Den Fenchel putzen und die Knollen je nach Größe halbieren oder vierteln. Die Stücke in möglichst wenig Salzwasser 10 bis 12 Minuten kochen; herausnehmen und ablaufen lassen. Die Zwiebeln schälen und würfeln. Den Schinken in Würfel schneiden. Die Tomaten kurz brühen, abziehen und ebenfalls würfeln.
In einer großen, möglichst flachen Auflaufform die Butter zerlaufen lassen. Darin die Zwiebelwürfel hell anschwitzen. Die Schinken- und die Tomatenwürfel zu den Zwiebelwürfeln geben, mit ½ Teelöffel Salz, dem Basilikum und Pfeffer würzen und das Ganze 5–6 Minuten langsam einkochen lassen. Darauf den Fenchel verteilen.
Für den Guß die Fleischbrühe auf etwa die Hälfte (⅛ l) einkochen. Etwas erkalten lassen, dann mit der Sahne und dem Ei verrühren. Den Käse darunterrühren. Wenn nötig, noch mit Salz und Pfeffer nachwürzen. Diesen Guß über den Fenchel verteilen. Das Gratin im auf 220° vorgeheizten Backofen auf der Mittelschiene etwa 20 Minuten backen, auf alle Fälle so lange, bis die Oberfläche eine schöne braune Kruste aufweist.

Sauerkrautauflauf

Zutaten für 4 Portionen:
100 g durchwachsener Räucherspeck
100 g Zwiebeln
200 g gekochtes Kasseler Rippchen ohne Knochen
100 g geriebener mittelalter Goudakäse
500 g gekochte Kartoffeln
600 g Sauerkraut
Für die Form:
Butter oder Schweinefett
Für den Guß:
3 Eier · ¼ l Milch
⅛ l saure Sahne
½ Eßl. gehackte Petersilie
½ Eßl. kleingeschnittener Schnittlauch
etwas Salz und frisch gemahlener Pfeffer
2 Eßl. Semmelbrösel
2 Eßl. geriebener Parmesankäse
Zum Belegen:
60 g Butter

Vorbereitungszeit: 50 Minuten
Backzeit: 35–40 Minuten

Den Speck in kleine Würfel schneiden, die Zwiebeln schälen und würfeln, das Rippchenfleisch ebenfalls in Würfel schneiden. Die Speckwürfel in einer Pfanne kurz anrösten. Dann die Zwiebelwürfel zugeben, hell anschwitzen und zum Schluß das in Würfel geschnittene Kasseler zugeben. Gut durchmischen, vom Herd nehmen und erkalten lassen. Dann den geriebenen Goudakäse darunterrühren. Die Kartoffeln schälen und in Scheiben schneiden. Das Sauerkraut abtropfen lassen. Eine große Form mit Butter oder Schweinefett ausstreichen, dann schichtweise Sauerkraut, Kartoffelscheiben und Speck-Käse-Mischung einfüllen. Die letzte Schicht sollte Sauerkraut sein.
Für den Guß die Eier mit der Milch, der sauren Sahne und den Kräutern sehr gut verrühren, mit Salz und Pfeffer würzen und gleichmäßig über den Sauerkrautauflauf gießen. Die Semmelbrösel mit dem geriebenen Parmesankäse mischen und darüberstreuen. Die Oberfläche zum Schluß mit der Butter in Flöckchen belegen. Den Auflauf auf der unteren Schiene im auf 200° vorgeheizten Backofen 35–40 Minuten backen.

Gratin von Schwarzwurzeln

Ohne Abbildung

Zutaten für 4 Portionen:
1200 g Schwarzwurzeln (geputzt etwa 800 g)
Zitronensaft oder Essig · Salz
Für die Form:
Butter
Außerdem:
80 g Zwiebeln
150 g gekochter Schinken
30 g Butter
Für die Sauce:
30 g Butter · 20 g Mehl
¼ l Milch · ⅛ l Sahne
½ Teel. Salz
frisch gemahlener Pfeffer
geriebene Muskatnuß
100 g geriebener Emmentaler Käse

Vorbereitungszeit: 50 Minuten
Backzeit: 25–30 Minuten

Die Schwarzwurzeln unter fließendem Wasser abbürsten und schälen. Die Stangen sofort in mit Zitronensaft oder Essig gesäuertes Wasser legen, damit sie sich nicht dunkel färben. Die Stangen dann in 3–4 cm lange Stücke schneiden, abtropfen lassen und in Salzwasser nicht zu weich kochen. Herausnehmen und wieder ablaufen lassen.
Eine große Auflaufform mit Butter ausstreichen, die Hälfte der Schwarzwurzeln darin verteilen. Die Zwiebeln schälen und würfeln. Den Schinken in kleine Streifen schneiden. Die Butter in einer Pfanne zerlassen, die Zwiebelwürfel darin hell anschwitzen und dann die Schinkenstreifen darin kurz anbraten. Sofort vom Herd nehmen, auf den Schwarzwurzeln verteilen und mit den restlichen Schwarzwurzeln abdecken.
Eine Sauce, wie auf Seite 42 bei »Chicoréegratin« beschrieben, aber mit Milch und Sahne zubereiten und auf das Gratin verteilen. Im auf 210° vorgeheizten Backofen auf der Mittelschiene in 25–30 Minuten braun backen.

Spinatauflauf

Zutaten für 4 Portionen:
6 Eier · 80 g Zwiebeln
1 Knoblauchzehe · 30 g Butter
1 Lorbeerblatt
350 g gemischtes Hackfleisch
½ Teel. Salz
frisch gemahlener Pfeffer
1 Teel. edelsüßes Paprikapulver
1 kg frischer Spinat
Für die Form:
Butter
Für den Guß:
⅛ l Sahne · ⅛ l Milch
1 Ei · ½ Teel. Salz
frisch gemahlener Pfeffer
geriebene Muskatnuß
80 g geriebener alter Gouda- oder Parmesankäse
Zum Belegen:
50 g Butter

Vorbereitungszeit: 40–50 Minuten
Backzeit: 40–50 Minuten

Die Eier hart kochen (8–10 Minuten), kalt abschrecken und schälen. Die Zwiebeln schälen und würfeln. Die Knoblauchzehe schälen und zerdrücken. Die Butter in einer Pfanne zerlassen. Die Zwiebelwürfel darin hell anschwitzen. Den Knoblauch, das Lorbeerblatt sowie das Hackfleisch zugeben und bei starker Hitze 3–4 Minuten anbraten. Mit Salz, etwas Pfeffer und dem Paprikapulver würzen. Den Spinat verlesen, in kochendem Wasser kurz zusammenfallen lassen, sofort wieder herausnehmen und in Eiswasser abschrecken; dadurch gart der Spinat nicht weiter und behält seine grüne Farbe. Die Eier in Scheiben schneiden.
Eine große Auflaufform mit Butter ausstreichen. Zuerst eine Schicht Spinat, darauf eine Schicht Eischeiben und darauf Hackfleischmasse einfüllen. Glattstreichen und wieder mit Spinat beginnen. Die Form schichtweise füllen, bis alle Zutaten verbraucht sind; einige Eischeiben zum Garnieren zurücklassen. Die oberste Schicht sollte Spinat sein.
Für den Guß die Sahne mit der Milch und dem Ei verrühren, mit dem Salz, dem Pfeffer und Muskat abschmecken. Zum Schluß den Käse darunterrühren. Den Guß über den Auflauf gießen. Im auf 200° vorgeheizten Backofen auf der unteren Schiene etwa 20 Minuten backen. Dann mit der Butter in Flöckchen belegen und weitere 20–25 Minuten backen. Mit Eischeiben garniert servieren.

Auberginenauflauf

Ohne Abbildung

Zutaten für 4 Portionen:
1 kg Auberginen
300 g Polnische oder grobe Mettwürstchen
4 Eßl. feines Pflanzenöl
200 g Tomaten · ½ Teel. Salz
frisch gemahlener Pfeffer
2 Teel. gehacktes Basilikum
Für den Guß:
3 Eier · ¼ l Milch
½ Teel. Salz · Paprikapulver
frisch gemahlener Pfeffer

Vorbereitungszeit: 50–60 Minuten
Backzeit: etwa 40 Minuten

Die Auberginen waschen, vom Stielansatz befreien und in ½ cm dicke Scheiben schneiden. Die Würstchen in ebenso dicke Scheiben schneiden. Das Öl in einer großen Pfanne erhitzen. Die Auberginenscheiben portionsweise darin von beiden Seiten kurz braten, herausnehmen und abtropfen lassen. Die Wurstscheiben ebenfalls beidseitig braten, herausnehmen. Die Tomaten kurz brühen, abziehen und in Würfel schneiden. Eine große Form mit Butter ausstreichen. Schichtweise Auberginenscheiben, Wurst und Tomatenwürfel, dann wieder Auberginen und so weiter einfüllen. Dazwischen immer mit Salz, Paprikapulver und Pfeffer würzen.
Alle Zutaten für den Guß verrühren und über den Auflauf gießen. Im auf 220° vorgeheizten Backofen auf der unteren Schiene etwa 40 Minuten backen.

Crêpes mit Kalbsbries

Die Pfannkuchen nehmen in einem Kochbuch mit Aufläufen eine Sonderstellung ein. Eigentlich sind sie weder Gratin noch Auflauf, doch auch Pfannkuchen oder Crêpes können, gefüllt und mit Käse oder einer Sauce überbacken, die delikatesten Gerichte ergeben. Was die Füllungen betrifft, so sind der Phantasie und dem eigenen Geschmack keine Grenzen gesetzt.
Crêpes sind besonders dünne, kleine Pfannkuchen und eine Spezialität der französischen Küche.

Zutaten für 4 Portionen:

Für den Teig:
20 g Butter
50 g Mehl
2 Eier
1/16 l Milch
etwas Salz und
frisch gemahlener Pfeffer

Zum Ausbacken:
Butter

Für die Füllung:
400 g Kalbsbries
Salz
50 g Schalotten
40 g Butter
frisch gemahlener Pfeffer
1 Messerspitze gemahlener Ingwer
1 Eßl. gehackte Petersilie
1 Teel. gehacktes Basilikum
einige Tropfen Sojasauce
2 cl Cognac
3 Eßl. Crème fraîche

Für die Form:
Butter

Für die Royale (Eiersahne):
1 Ei
1/8 l Sahne
etwas Salz und
frisch gemahlener Pfeffer

Zum Garnieren:
gebratene Tomatenscheiben

Vorbereitungszeit: 60–70 Minuten
Backzeit: etwa 20 Minuten

Für den Teig 20 g Butter zerlassen. Das Mehl in eine Schüssel sieben, die Eier, die Milch, etwas Salz und Pfeffer sowie die flüssige Butter zufügen und alles mit dem Schneebesen zu einem dünnflüssigen, glatten Teig verrühren. Es dürfen keinesfalls Mehlklümpchen bleiben. Den Teig etwa 30 Minuten ruhen lassen, damit das Mehl quellen kann.
Das Kalbsbries in eine Schüssel geben und unter fließendem kaltem Wasser etwa 15 Minuten lang wässern. Dann so weit wie möglich die äußere Haut abziehen. Salzwasser zum Kochen bringen und das Bries darin ganz kurz absteifen (das dauert höchstens 1–2 Minuten), sofort wieder herausnehmen und in Würfel schneiden. Die Schalotten schälen und sehr fein hacken. Danach aus dem Teig mit Butter in einer Pfanne von etwa 18 cm Durchmesser 4 Pfannkuchen backen, auf einen Teller legen und warm stellen.
In einer Pfanne die Butter zerlassen und die Schalottenwürfel darin hell anschwitzen. Die Kalbsbrieswürfel zugeben, mit ½ Teelöffel Salz, etwas Pfeffer, dem Ingwerpulver, der Petersilie, dem Basilikum und der Sojasauce würzen und etwa 2 Minuten unter Rühren andünsten. Den Cognac und die Crème fraîche zugeben. Weitere 2 Minuten dünsten.
Die 4 Pfannkuchen auf der Arbeitsfläche ausbreiten, die Briesfüllung darauf verteilen und verstreichen. Die Pfannkuchen aufrollen und in die mit Butter ausgestrichene Form legen.
Für die Royale das Ei mit der Sahne verrühren, mit Salz und Pfeffer würzen und über die Pfannkuchen gießen. Das Ganze im vorgeheizten Backofen bei 200° auf der mittleren Schiene etwa 20 Minuten backen. Mit gebratenen Tomatenscheiben garnieren.

Spargelpfannkuchen

Zutaten für 3–6 Portionen:
Für den Teig:
120 g Mehl · 2 Eier
¼ Teel. Salz · ¼ l Milch
Zum Ausbacken:
60–70 g Butter
Außerdem:
750 g Spargel · Salz
6 Scheiben gekochter Schinken
Für die Form:
Butter
Für die Sauce:
30 g Butter
1 Eßl. feingehackte Schalotten
20 g Mehl · ¼ l Milch
¼ Teel. Salz
frisch gemahlener Pfeffer
2 Eigelbe
1 Eßl. gehackte gemischte Kräuter (Pimpinelle, Petersilie, eventuell etwas Schnittlauch)

Vorbereitungszeit: 70 Minuten
Backzeit: 20–25 Minuten

Die Zutaten für den Teig gut verrühren und mindestens 30 Minuten quellen lassen. Wenn nötig, noch mit etwas Milch verdünnen. In einer Pfanne von etwa 20 cm Durchmesser mit der Butter aus dem Teig 6 hellbraune Pfannkuchen backen und warm stellen.
Den Spargel kalt abbrausen und schälen, dann die Enden so weit abschneiden, daß die Stangen auf die Pfannkuchen passen. Den Spargel zu zwei Bündeln zusammenbinden und in leicht gesalzenem, kochendem Wasser 10–12 Minuten leise köcheln lassen – je nach Dicke der Stangen; sie sollen keinesfalls zu weich werden. Den Spargel auf Küchenpapier abtropfen lassen.
Die Pfannkuchen jeweils mit einer Schinkenscheibe belegen, den Spargel darauf verteilen. Eine Form mit Butter ausstreichen. Die Pfannkuchen aufrollen und hineinlegen.
Für die Sauce die Butter in einer Kasserolle zerlassen. Die Schalotten darin hell anschwitzen. Das Mehl zufügen, unter Rühren anschwitzen und mit der Milch aufgießen. Mit dem Salz und etwas Pfeffer würzen. 5–6 Minuten leicht köcheln lassen, dann vom Herd nehmen und die Eigelbe unterrühren. Die Sauce über die Pfannkuchen gießen und mit den Kräutern bestreuen. Im auf 210° vorgeheizten Backofen auf der Mittelschiene in 20–25 Minuten schön hellbraun überbacken.

Spinatpfannkuchen

Ohne Abbildung

Zutaten für 4 Portionen:
8 dünne Pfannkuchen, Zubereitung wie nebenstehend
Für die Füllung:
700 g frischer Spinat · Salz
frisch gemahlener Pfeffer
60 g durchwachsener Räucherspeck
50 g gehobelte Mandeln
Für die Form:
Butter
Für die Sauce:
40 g Schalotten
1 Eßl. Öl · ¼ l Sahne
100 g Roquefort- oder anderer Edelpilzkäse

Vorbereitungszeit: 40–50 Minuten
Backzeit: etwa 20 Minuten

Die gebackenen Pfannkuchen warm stellen. Den Spinat verlesen, von den Stielen befreien und in kochendem Salzwasser ganz kurz zusammenfallen lassen, herausnehmen und sofort in Eiswasser abschrecken. Abtropfen lassen und auf die Pfannkuchen verteilen; dabei sehr dezent mit Salz und Pfeffer würzen. Den Speck würfeln, kurz anbraten und auf dem Spinat verteilen. Die Mandelblättchen darüberstreuen. Eine Form mit Butter ausstreichen, die Pfannkuchen aufrollen und hineinlegen.
Die Schalotten schälen und würfeln. Das Öl erhitzen, die Schalottenwürfel darin hell anschwitzen, die Sahne zugießen und bei milder Hitze etwa auf die Hälfte reduzieren. Vom Herd nehmen. Den Käse würfeln, unter die heiße Sahne rühren und die Sauce über die Pfannkuchen verteilen. Im auf 200° vorgeheizten Backofen auf der Mittelschiene etwa 20 Minuten überbacken.

Pfannkuchen-auflauf mit Leber

Zutaten für 4–6 Portionen:
Für den Teig:
130 g Mehl · 2 Eier
¼ Teel. Salz · ¼ l Milch
Zum Ausbacken:
60–70 g Butter
Für die Füllung:
80 g Zwiebeln · 1 Knoblauchzehe
100 g Karotten/Möhren
50 g Knollensellerie
50 g Lauch/Porree
120 g frische Champignons
200 g Geflügelleber · 40 g Butter
250 g Schweinehackfleisch
4 Eßl. kräftiger Rotwein
1 Teel. Salz
etwas frisch gemahlener Pfeffer
1 Teel. edelsüßes Paprikapulver
1 Eßl. gehackte gemischte Kräuter (Thymian, Salbei, Rosmarin, Petersilie und Schnittlauch)
200 g tiefgefrorene Erbsen
Für die Form:
Butter · Semmelbrösel
Für die Sauce:
40 g Butter · 20 g Mehl
¼ l gewürzte Fleischbrühe
etwas Salz und frisch gemahlener Pfeffer
⅛ l Sahne
50 g geriebener mittelalter Goudakäse

Vorbereitungszeit: 80 Minuten
Backzeit: 30–40 Minuten

Für den Teig das Mehl mit den Eiern, dem Salz und der Milch mit einem Schneebesen gut verrühren; mindestens 30 Minuten ziehen lassen, damit das Mehl gut ausquellen kann. Sollte der Teig zu dick geworden sein, kann man noch mit etwas Milch verdünnen.
Zum Ausbacken der Pfannkuchen eine Pfanne wählen, die im Durchmesser ungefähr mit der Auflaufform identisch ist, in der das Gericht später gegart werden soll. Mit Butter aus dem Teig 6–8 Pfannkuchen backen und warm stellen.
Für die Füllung die Zwiebeln schälen und ganz fein hacken. Die Knoblauchzehe ebenfalls schälen und zerdrücken. Die Karotten putzen und ganz fein würfeln, desgleichen die Sellerieknolle. Den Lauch putzen und in dünne Scheiben schneiden. Die Champignons putzen und in dünne Scheiben schneiden. Die Geflügelleber in dünne Scheiben oder kleine Würfel schneiden. In einer großen Pfanne die Butter zerlaufen lassen. Zunächst die Zwiebeln und den Knoblauch darin hell anschwitzen, dann die Karotten-, die Selleriewürfel sowie die Lauchscheiben zugeben und etwa 2 Minuten dünsten. Dann die feinblättrig geschnittenen Champignons zufügen und 1 weitere Minute dünsten. Die Gemüse-Pilz-Mischung mit einem Schaumlöffel aus der Pfanne heben, in eine Schüssel geben und warm stellen.
Das Fett in der Pfanne wieder erhitzen (wenn es nicht mehr ausreicht, etwas Butter zusetzen) und darin bei starker Hitze das Hackfleisch unter ständigem Rühren kurz anbraten. Dann die Geflügelleber zusetzen und bei ebenfalls sehr starker Hitze nur so lange anbraten, bis sie eine helle Farbe angenommen hat. Die Gemüse-Pilz-Mischung wieder in die Pfanne zurückgeben und den Rotwein angießen. Mit dem Salz, etwas frisch gemahlenem Pfeffer, dem Paprikapulver und den Kräutern würzen. Zum Schluß die tiefgefrorenen Erbsen daruntermischen.
Eine Auflaufform von etwa 2 l Inhalt mit Butter ausstreichen, mit Semmelbröseln ausstreuen und den ersten Pfannkuchen hineinlegen. Darauf eine Schicht Leberfüllung geben, den nächsten Pfannkuchen darauflegen und so weiter verfahren, bis die Form gefüllt ist; 1–2 cm unter dem Rand frei lassen.
Für die Sauce die Butter in einer Kasserolle zerlaufen lassen, das Mehl einstreuen und hell anschwitzen, dann unter Rühren mit der Fleischbrühe aufgießen und mit Salz und Pfeffer würzen. Die Sahne dazugießen und die Sauce 4–5 Minuten kräftig durchkochen. Den geriebenen Gouda darunterrühren. Die Käsesauce auf der Oberfläche des Auflaufs verteilen und dabei auch den Rand mit Sauce ausfüllen.
Den Auflauf auf die untere Schiene in den auf etwa 200° vorgeheizten Backofen schieben und in 30–40 Minuten schön hellbraun backen.

Bäckerofen

Dieses deftige Gericht ist im Südwesten Deutschlands und im Elsaß ganz besonders beliebt. Es soll früher im Ofen des Bäckers gebacken worden sein, wobei die Form mit Brotteig verschlossen wurde und man außerdem die Ofenhitze vom Brotbacken noch ausnützte. Aber die Methode, Fleisch unter einer Kruste aus Kartoffeln im Ofen zu garen, ist weit verbreitet, und ein solches Gericht wird ganz besonders schmackhaft. Dabei muß es nicht unbedingt, wie im folgenden Rezept, Schweinefleisch sein. Geeignet sind auch zum Beispiel Kalb-, Geflügel- oder Lammfleisch – oder sogar eine Mischung aus verschiedenen Fleischsorten.

Zutaten für 4–6 Portionen:

1 kg Schweinehals ohne Knochen
250 g geräucherte Schweinswürstchen
250 g Zwiebeln
1 Knoblauchzehe
1 Lorbeerblatt
einige Pfefferkörner
einige Wacholderbeeren
½ l trockener Roséwein
je 1 gelbe, grüne und rote Paprikaschote
150 g Lauch/Porree
2 Teel. Salz
½ Teel. frisch gemahlener Pfeffer
1 Eßl. edelsüßes Paprikapulver
1 kg Kartoffeln

Für die Form:

Butter oder Schweinefett

Für den Guß:

150 g Crème fraîche
½ Teel. Salz
etwas frisch gemahlener Pfeffer

Vorbereitungszeit: 90–100 Minuten
Marinierzeit: über Nacht
Garzeit: 2 Stunden bis 2 Stunden und 30 Minuten

Den Schweinehals in etwa 2 cm große Würfel, die Schweinswürstchen in 2–3 cm lange Stücke schneiden. 100 g Zwiebeln schälen und in Ringe schneiden. Die Knoblauchzehe schälen und hakken. Die Fleischwürfel und die Wurststückchen zusammen mit den Zwiebelringen, dem gehackten Knoblauch, dem Lorbeerblatt, einigen Pfefferkörnern und Wacholderbeeren in eine Schüssel geben und mit dem Roséwein übergießen. Zugedeckt möglichst über Nacht an einem kühlen Platz marinieren.

Am anderen Tag die Paprikaschoten halbieren, den Stielansatz, die Kerne und die weißen Trennhäute entfernen, das Fruchtfleisch dann in etwa 1 cm breite Streifen schneiden. Den Lauch putzen und in dünne Scheiben schneiden. 150 g Zwiebeln schälen und feinwürfeln. Aus dem marinierten Fleisch das Lorbeerblatt und die Wacholderbeeren entfernen. Die Paprikastreifen, die Lauchscheiben und die Zwiebelwürfel dazugeben. Mit dem Salz, dem Pfeffer und dem Paprikapulver würzen. Die Kartoffeln schälen und in dünne Scheiben schneiden. Eine große Auflaufform (die möglichst einen Deckel haben sollte) mit Butter oder Schweinefett ausstreichen und eine dünne Schicht Kartoffeln hineinlegen. Vom Fleisch ⅛ Liter Marinade abschöpfen und beiseite stellen. Das Fleisch dann mit der restlichen Marinade auf die Kartoffelschicht füllen. Mit den restlichen Kartoffeln abdekken; dabei die Kartoffelscheiben schuppenartig auf die Oberfläche schichten. Den Auflauf zugedeckt auf der unteren Schiene in den auf 200° vorgeheizten Backofen schieben und 1 Stunde garen.

In der Zwischenzeit die Crème fraîche mit der zurückbehaltenen Marinade verrühren, mit dem Salz und dem Pfeffer würzen und nach 1 Stunde Garzeit über den Auflauf gießen. Den Deckel wieder auf das Gefäß setzen und alles weitere 1–1 ½ Stunden garen, bis das Fleisch und die Kartoffeln weich sind.

Dazu paßt natürlich als Getränk der gleiche Wein, den man im Gericht verwendet hat.

1979

Gebackenes Kraut

Zutaten für 6–8 Portionen:
1 Kopf Weißkohl von 1500–2000 g
Salz · 2 Brötchen
etwas lauwarme Milch
200 g Zwiebeln
250 g Schweineschulter
3 Eßl. Öl
750 g Schweinehackfleisch
¼ Teel. frisch gemahlener Pfeffer
½ Teel. Kümmel
1 Teel. getrockneter Majoran
⅛ l Weißwein · 1 Ei
Für die Form:
Öl
Zum Belegen und Bestreuen:
100 g durchwachsener Räucherspeck in dünnen Scheiben
1 Eßl. gehackte Petersilie

Vorbereitungszeit: 60–70 Minuten
Backzeit: 50–60 Minuten

Von dem Weißkohlkopf die äußeren Blätter entfernen, dann den Kopf vierteln und den holzigen Strunk herausschneiden. Die Kohlviertel in sprudelnd kochendes Salzwasser geben und etwa 15 Minuten garen. Herausnehmen und auf einem Sieb abtropfen lassen. Die Brötchen in dicke Scheiben schneiden und in lauwarmer Milch einweichen.
Die Zwiebeln schälen und in feine Würfel schneiden. Die Schweineschulter in etwa 1 cm große Würfel schneiden. In einer großen Pfanne das Öl erhitzen und die Schweinefleischwürfel darin bei starker Hitze kurz anbraten, dabei ständig bewegen. Die Zwiebelwürfel zugeben und in 1–2 Minuten hell anlaufen lassen. Dann das Schweinehackfleisch zufügen, unter ständigem Rühren 4–5 Minuten anbraten, mit 1 Teelöffel Salz, dem Pfeffer, dem Kümmel und dem Majoran würzen, mit dem Weißwein aufgießen und weitere 10 Minuten dünsten.
Das vorgekochte Weißkraut in sehr kleine Würfel schneiden beziehungsweise feinhacken. Mit der Fleischmischung vermengen, dazu die ausgedrückten Brötchen und das Ei geben. Alles gut mischen. Eine große Auflaufform dünn mit Öl ausstreichen. Die Mischung einfüllen. Die Oberfläche glattstreichen und mit dem in dünne Scheiben geschnittenen Speck belegen. Den Auflauf auf der unteren Schiene in den auf 220° vorgeheizten Backofen schieben und 50–60 Minuten backen. Sollte dabei die Oberfläche zu dunkel werden, mit Alufolie oder Pergamentpapier abdekken. Den fertigen Auflauf mit der gehackten Petersilie bestreuen.

Wirsingauflauf

Ohne Abbildung

Zutaten für 4–6 Portionen:
1 Kopf Wirsing (800–1000 g)
Salz · 200 g Zwiebeln
1 Knoblauchzehe · 40 g Butter
600 g Schweineschulter
½ Teel. frisch gemahlener Pfeffer
2 Teel. edelsüßes Paprikapulver
½ Teel. getrockneter Majoran
2 Teel. scharfer Senf
¼ l trockener Rotwein
¼ l Fleischbrühe
Für die Form:
Butter
Für den Guß:
1 Ei · ¼ l Sahne
½ Teel. Salz
1 Eßl. gehackte Petersilie

Vorbereitungszeit: 50 Minuten
Backzeit: 40–50 Minuten

Die Wirsingblätter in Salzwasser 12–15 Minuten kochen, abtropfen lassen und kleinschneiden. Die Zwiebeln schälen und würfeln, die Knoblauchzehe schälen und zerdrücken; beides in der Butter hell anschwitzen. Das Fleisch kleinwürfeln, zu den Zwiebeln geben, mit 1 Teelöffel Salz und den Zutaten von Pfeffer bis Senf würzen. Mit dem Wein und der Brühe aufgießen und schmoren lassen, bis die Flüssigkeit zur Hälfte verdampft ist. Das Fleisch, mit dem Wirsing vermischt, in eine gefettete Form füllen. Die Zutaten für den Guß mischen und über den Auflauf gießen. Im vorgeheizten Backofen bei 210° (untere Schiene) 40–50 Minuten backen.

Wildragout unter Maiskruste

Zutaten für 4 Portionen:
800 g Hirsch- oder Rehschulter ohne Knochen
100 g Karotten/Möhren
100 g Stangensellerie/Bleichsellerie
200 g Zwiebeln
1 Knoblauchzehe
3 Eßl. feines Pflanzenöl
⅛ l kräftiger Rotwein (Beaujolais)
1 Teel. Salz
etwas frisch gemahlener Pfeffer
1 Teel. Rosenpaprikapulver
½ Teel. Thymianblättchen
einige Rosmarinnadeln
2 Salbeiblätter
1 Eßl. gehackte Petersilie
2 Eßl. Tomatenmark
Für die Kruste:
40 g Zwiebel
20 g Butter
4 Scheiben Toastbrot
⅛ l Sahne
1 Ei
½ Teel. Salz
etwas frisch gemahlener Pfeffer
2 Dosen Maiskörner (Einwaage 340 g pro Dose)

Vorbereitungszeit: 70–80 Minuten
Backzeit: 45–50 Minuten

Von dem Wildfleisch sorgfältig alle Sehnen entfernen, das Fleisch in kleine Würfel (maximal 2 cm) schneiden. Die Karotten putzen und in ganz kleine Würfel schneiden. Den Bleichsellerie putzen und in dünne Stifte schneiden. Die Zwiebeln schälen und würfeln. Die Knoblauchzehe schälen und zerdrücken. Das Öl in einer großen Pfanne erhitzen. Die Zwiebelwürfel und den zerdrückten Knoblauch darin hell anschwitzen, dann mit einem Schaumlöffel herausnehmen. Das Wildfleisch in dem Öl bei guter Hitze von allen Seiten anbraten, danach die Zwiebel-Knoblauch-Mischung wieder zugeben, dazu die Karottenwürfel und die Selleriestifte. Das Ganze mit dem Beaujolais aufgießen. Mit dem Salz, etwas Pfeffer, dem Paprikapulver, dem Thymian, dem Rosmarin, dem Salbei und der Petersilie pikant und kräftig würzen; die Salbeiblätter können gehackt werden oder ganz bleiben. Ganze Blätter muß man allerdings später wieder herausnehmen. Das Tomatenmark zufügen und das Ragout etwa 10 Minuten köcheln lassen.
Für die Kruste die Zwiebel schälen und würfeln. Die Butter in einer Pfanne zerlaufen lassen und die Zwiebelwürfel darin hell anschwitzen. Das Toastbrot in Würfel schneiden, in die Pfanne geben und bei starker Hitze rundum anrösten. Diese Mischung in eine Schüssel umfüllen. Die Sahne mit dem Ei, dem Salz und etwas Pfeffer verrühren, über die Toast-Zwiebel-Mischung gießen und einige Minuten einziehen lassen. Die Maiskörner auf einem Sieb ablaufen lassen und in die Schüssel geben. Alles gut mischen. In eine ungefettete große Auflaufform das Ragout und darüber die Maismischung einfüllen. Die Form auf der unteren Schiene in den auf 200° vorgeheizten Backofen schieben. Backzeit 45–50 Minuten.

Variante: Wildragout unter Makkaronikruste

Wer Teigwaren den Maiskörnern vorzieht, der sollte diese leckere Variante probieren. 250 g Makkaroni in Salzwasser »al dente«, also nicht zu weich kochen; mit kaltem Wasser abschrecken, ablaufen lassen, dann in etwa 2 cm lange Stücke schneiden. 3 Eier mit ⅛ Liter Sahne, 150 g geriebenem Emmentaler Käse sowie etwas Salz und Pfeffer verrühren und mit den Makkaronistückchen mischen. Das wie im vorangegangenen Rezept zubereitete Wildragout in die ungefettete Form füllen, die Makkaronischicht darübergeben und die Oberfläche mit 50 g Butter in Flöckchen besetzen. In den auf 200° vorgeheizten Backofen (untere Schiene) schieben und knusprig braun backen. Backzeit etwa 40 Minuten.

1984

Polenta-Auflauf

Im Bild vorne

Zutaten für 4 Portionen:
1 l Milch · 1 Teel. Salz
frisch gemahlener Pfeffer
200 g grober Maisgrieß
Für die Füllung:
100 g Zwiebeln
80 g Karotten/Möhren
500 g durchwachsenes
Schweinefleisch (Schulter)
2 Eßl. feines Pflanzenöl
1 Eßl. Rotweinessig
⅛ l trockener Rotwein
⅛ l gewürzte Fleischbrühe
½ Teel. Salz · 10 Tropfen Tabasco
1 Eßl. edelsüßes Paprikapulver
1 Eßl. gehackte Petersilie
Für die Form:
Butter
Zum Bestreuen:
50 g Emmentaler Käse

Vorbereitungszeit: 60 Minuten
Backzeit: 30–35 Minuten

In einem großen Topf die Milch mit dem Salz und etwas Pfeffer zum Kochen bringen. Die Hitze etwas reduzieren und den Maisgrieß langsam unter ständigem Rühren einrieseln lassen. Bei ganz schwacher Hitze 15–20 Minuten ausquellen lassen.
Die Zwiebeln schälen, die Karotten putzen, beides in feine Würfel schneiden. Das Fleisch in 1–1½ cm große Würfel schneiden. In einer großen Pfanne das Öl erhitzen. Die Zwiebelwürfel darin hell anschwitzen. Die Fleischwürfel zugeben und bei guter Hitze unter ständigem Rühren kurz anbraten. Die Karottenwürfel dazugeben. Mit dem Essig, dem Wein und der Fleischbrühe aufgießen. Das Ragout 10–15 Minuten köcheln lassen, bis die Flüssigkeit mindestens auf die Hälfte reduziert ist. Mit den restlichen Zutaten würzen.
Eine Form mit Butter ausstreichen. Eine dünne Schicht Polentabrei einfüllen, das Ragout daraufgeben, mit dem restlichen Maisbrei abdecken und glattstreichen. Im auf 200° vorgeheizten Backofen auf der unteren Schiene 20 Minuten backen. Den Käse würfeln, über den Auflauf streuen und diesen weitere 10–15 Minuten backen.

Kartoffelgratin mit Eiern

Im Bild hinten

Zutaten für 4 Portionen:
1 kg frisch gekochte Kartoffeln
50 g Butter · 2 Eigelbe
etwa ⅛ l Milch · ½ Teel. Salz
frisch gemahlener Pfeffer
geriebene Muskatnuß
2 Teel. gehackte gemischte
Kräuter (Petersilie, Schnittlauch,
Liebstöckel, Thymian, Rosmarin)
2 Eiweiße
Für die Form:
Butter
Außerdem:
250 g grobe Mettwürstchen
oder Polnische Würstchen
50 g durchwachsener
Räucherspeck
30 g Semmelbrösel
50 g geriebener Greyerzer/
Gruyère- oder Emmentaler Käse
4 Eier · etwas Salz
frisch gemahlener Pfeffer

Vorbereitungszeit: 40 Minuten
Backzeit: 20–30 Minuten

Die ausgekühlten Kartoffeln schälen und durchpressen. Die Butter mit den Eigelben schaumig rühren und unter die Kartoffelmasse schlagen. Langsam so viel Milch zugießen, daß ein festes Püree entsteht. Die Eiweiße steif schlagen und vorsichtig unterheben.
Eine große Form mit Butter ausstreichen. Die Würstchen in Scheiben schneiden und in der Form kurz anbraten. Das Püree darüberfüllen, glattstreichen und 4 Vertiefungen eindrücken. Den Speck sehr klein würfeln, in der Pfanne anrösten, die Brösel 2–3 Minuten mitrösten und etwas abkühlen lassen. Den Käse einmischen und das Gratin damit bestreuen. In jede Vertiefung 1 aufgeschlagenes Ei gleiten lassen, salzen und pfeffern. Im auf 200° vorgeheizten Backofen auf der Mittelschiene 20–30 Minuten backen.

Feine Scampigratins

Kleine Gratins als Vorspeise werden gerne in Muschelschalen zubereitet. Damit diese beim Backen waagerecht stehen, setzt man sie am besten auf eine dicke Schicht Salz aufs Backblech.

Zutaten für 4 Portionen als Vorspeise:
4 Scampischwänze, frisch oder tiefgefroren
30 g Karotten/Möhren
30 g Stangensellerie/Bleichsellerie
30 g Butter
2 Eßl. feingehackte Schalotten
1 Messerspitze Salz
frisch gemahlener Pfeffer
2 Eßl. tiefgefrorene Erbsen
2 cl Cognac
Für die Muschelschalen:
Butter
Für den Guß:
2 Eigelbe · 4 Eßl. Sahne
Salz und Pfeffer
2 Eßl. feingeriebener alter Goudakäse

Vorbereitungszeit: 30 Minuten
Backzeit: nach Sicht

Die Scampischwänze waschen, kurz in kochendes Wasser tauchen, dann schälen, längs teilen und jeweils den Darm entfernen. Die Karotten putzen und in Stifte schneiden. Den Sellerie ebenfalls putzen und in Streifen schneiden. Die Butter in einer Pfanne zerlassen und die Schalotten darin hell anschwitzen. Die halbierten Scampischwänze mit der Schnittfläche nach unten in die Pfanne legen, die Karottenstifte und Bleichselleriestreifen darüberstreuen. Mit dem Salz und etwas Pfeffer dezent würzen. Die Erbsen und den Cognac zufügen. Alles etwa 2 Minuten dünsten, dann in vier mit Butter ausgestrichene Muschelschalen verteilen.
Für den Guß die Eigelbe mit der Sahne verrühren, mit etwas Salz und Pfeffer abschmecken. Den Käse unterrühren und die Mischung über die Scampi gießen. Im auf 200° vorgeheizten Backofen auf der Mittelschiene kurz überbacken, bis die Oberfläche hellbraun ist.

Kleine Eiergratins

Ohne Abbildung

Zutaten für 4 Portionen als Vorspeise:
4 Eier · 20 g Butter
1 Eßl. Zwiebelwürfel
2 Eßl. Stangensellerie-/Bleichselleriestreifen
½ Kopfsalat
120 g gekochter Schinken
Für die Sauce:
30 g Butter · 30 g Mehl
⅛ l Fleischbrühe
¼ l Milch · ¼ Teel. Salz
frisch gemahlener Pfeffer
geriebene Muskatnuß
40 g geriebener Emmentaler Käse
40 g Roquefortkäse

Vorbereitungszeit: 40 Minuten
Backzeit: 10–15 Minuten

Die Eier 5–6 Minuten kochen, kalt abschrecken und schälen.
Die Butter in einer kleinen Pfanne zerlassen, die Zwiebelwürfel und die Selleriestreifen darin hell anschwitzen. Vom Herd nehmen. Den Kopfsalat teilen, waschen und trockenschleudern. Den Schinken sowie die Salatblätter in dünne Streifen schneiden, mischen und in gefettete Muschelschalen oder kleine Gratinformen füllen. Die Mischung aus Butter, Zwiebel und Sellerie darüber verteilen. Die Eier halbieren und jeweils zwei Hälften mit der Schnittseite nach oben darauflegen.
Für die Sauce die Butter in einer Pfanne zerlassen, das Mehl einrühren und hell anschwitzen. Zuerst mit der Fleischbrühe ablöschen und diese mit dem Schneebesen kräftig unterrühren. Einige Male aufkochen lassen, dann die Milch zugeben und die Sauce glattrühren. 3–4 Minuten weiterköcheln lassen. Mit dem Salz, etwas Pfeffer und Muskat pikant abschmecken, dann auf den Eiergratins verteilen. Die Oberfläche zunächst mit dem Emmentaler Käse bestreuen, dann den Roquefortkäse in kleine Würfel schneiden und darüberstreuen. Die Gratins im auf etwa 210° vorgeheizten Backofen auf der Mittelschiene 10–15 Minuten überbacken.

Nudelgratin mit Huhn

Im Bild vorne

Zutaten für 2 Portionen:
4 tiefgefrorene Hühnerbrust-filets (350–400 g)
150 g Fettucine (Bandnudeln)
Salz · 80 g Hühnerleber
je ½ rote und gelbe Paprikaschote
50 g Zwiebel · 1 Knoblauchzehe
30 g Butter
frisch gemahlener Pfeffer
1 Teel. edelsüßes Paprikapulver
Für die Form:
Butter
Für den Guß:
3 Eßl. gewürzte Fleischbrühe
3 Eßl. Sahne · 1 Eigelb
50 g geriebener Parmesankäse

Vorbereitungszeit: 60 Minuten
Backzeit: 15–20 Minuten

Die Hühnerbrustfilets auftauen lassen. Die Nudeln in Salzwasser »al dente« kochen, dann kalt abschrecken und ablaufen lassen.
Das Hühnerfleisch und die -leber in 1 cm große Würfel schneiden. Die Paprikaschoten von Stielansatz, Kernen und weißen Trennhäuten befreien, dann in schmale Streifen schneiden. Die Zwiebel schälen und würfeln. Die Knoblauchzehe schälen und zerdrükken. Die Butter in einer großen Pfanne zerlassen. Die Zwiebelwürfel und den Knoblauch darin hell anschwitzen. Die Hühnerfleischwürfel zugeben und 1–2 Minuten bei guter Hitze anbraten. Die Paprikastreifen zufügen und 2 Minuten dünsten. Die Leberwürfel dazugeben und unter Wenden nur gerade absteifen lassen. Vom Herd nehmen. Mit ¼ Teelöffel Salz, etwas Pfeffer und dem Paprikapulver würzen. Die Nudeln unterheben. Eine Auflaufform mit Butter ausstreichen und die Nudelmischung einfüllen.
Die Zutaten für den Guß verrühren und über das Nudelgratin verteilen. Im auf 210° vorgeheizten Backofen auf der Mittelschiene 15–20 Minuten backen.

Grüne Nudeln mit Meeresfrüchten

Im Bild hinten

Zutaten für 2 Portionen:
120 g grüne Nudeln · Salz
4 Seezungenfilets (300–350 g)
4 Riesengarnelenschwänze (150–200 g)
40 g Karotten/Möhren
60 g Stangensellerie/Bleichsellerie
2 Tomaten · 40 g Butter
frisch gemahlener Pfeffer
2 Eßl. Cognac
Für die Form:
Butter
Für den Guß:
4 Eßl. Crème fraîche
4 Eßl. trockener Weißwein
1 Eßl. geriebener Parmesankäse
Zum Belegen und Bestreuen:
40 g Butter
1 Eßl. kleingeschnittener Schnittlauch

Vorbereitungszeit: 70 Minuten
Backzeit: 15–20 Minuten

Die Nudeln in Salzwasser »al dente« kochen, dann kalt abbrausen und abtropfen lassen.
Die Seezungenfilets leicht salzen und aufrollen. Die rohen Garnelenschwänze schälen, längs aufschneiden, vom Darm befreien und kurz abwaschen. Die Karotten putzen und ebenso wie den Sellerie in dünne Stifte schneiden. Die Tomaten kurz brühen, abziehen, halbieren, entkernen und in Segmente schneiden. Die Butter in einer großen Pfanne zerlassen. Die Seezungenröllchen und die Garnelen darin ganz kurz anbraten; sofort wieder herausnehmen. Die Karotten- und Selleriestifte in der Pfanne kurz dünsten. Die Tomatenstücke zufügen. Mit ¼ Teelöffel Salz, etwas Pfeffer und dem Cognac würzen. Alles weitere 1–2 Minuten dünsten. Eine Auflaufform mit Butter ausstreichen. Die Nudeln hineingeben, die Seezungenröllchen, die Garnelenschwänze und zuletzt das Gemüse darauf verteilen. Die Crème fraîche mit dem Wein und dem Käse verrühren, über das Gratin gießen und mit der Butter in Flöckchen belegen. Wie im nebenstehenden Rezept backen. Vor dem Servieren mit dem Schnittlauch bestreuen.

Käsesoufflé

In Frankreich gehört das »Soufflé au fromage« zum Küchenalltag. Bei uns dagegen gelten Soufflés als schwierig, und sie erscheinen deshalb meist nur an Festtagen auf dem Tisch. Das ist schade, denn für ein Käsesoufflé braucht man weder sehr kostbare Zutaten, noch ist die Herstellung besonders kompliziert oder geheimnisvoll. Man muß nur, wie bei allen Teigen, die Eiweiße enthalten, die Zubereitungsvorschriften sehr genau beachten. Und vor allem muß man ein Soufflé, wenn es fertig gebacken ist, auch wirklich sofort servieren. Ein Soufflé darf nicht auf den Gast warten müssen, sondern umgekehrt.

Die Basis eines pikanten Soufflés ist meist eine Sauce (gewöhnlich eine Béchamelsauce) mit entsprechenden würzenden Zutaten (in unserem Rezept ist es der Käse). Diese Sauce wird dann mit Eigelb angereichert. Die Hauptsache aber für ein luftiges Soufflé ist das zu steifem Schnee geschlagene Eiweiß.

Damit sind wir bei der wichtigsten Phase der Souffléherstellung, dem Unterziehen des Eischnees. Die Basissauce soll noch warm, darf aber nicht mehr heiß sein, und der Eischnee muß sofort nach dem Aufschlagen dazugegeben werden. Wenn er auch nur eine Minute ruhig steht, fängt er an zu flocken, und dann wird die Verarbeitung mit der Basissauce schwieriger. Das Unterziehen des Eischnees soll schnell und vorsichtig geschehen, damit das Eiweiß und somit die Soufflémasse so wenig wie möglich an Volumen verliert.

Danach muß das Soufflé sofort im vorgeheizten Ofen gebacken und nach dem Backen sofort serviert werden. Beim Herausnehmen der Form müssen Sie darauf achten, daß sie nicht heftig angestoßen oder auf den Tisch gestellt wird, denn gegen Erschütterung und Luftzug ist das Soufflé sehr empfindlich.

Zutaten für 4 Portionen:
60 g Butter
30 g Mehl
¼ l Milch
½ Teel. Salz
etwas frisch gemahlener
Pfeffer und geriebene
Muskatnuß
4 Eßl. Sahne
5 Eigelbe
150 g geriebener, alter Gouda- oder Greyerzer/Gruyèrekäse
5 Eiweiße
Für die Form:
Butter

Vorbereitungszeit: 35–40 Minuten
Backzeit: 40–45 Minuten

Für die Béchamelsauce die Butter in einer Kasserolle zerlaufen lassen. Das Mehl zugeben und bei schwacher Hitze 2–3 Minuten rühren. Dann nach und nach die Milch zugießen und mit einem Schneebesen schlagen, bis die Sauce absolut glatt ist. Mit dem Salz, Pfeffer und Muskat würzen. Die Sauce einmal aufkochen und dann bei ganz geringer Hitze 15 Minuten leise köcheln lassen. Mit einem Holzlöffel ab und zu umrühren, damit sie am Boden nicht anhängt. Dann die Sahne darunterrühren. Den Topf vom Herd nehmen und die Eigelbe mit dem Schneebesen nacheinander unter die Sauce rühren. Zum Schluß den Käse zugeben und verrühren.

Die Eiweiße zu steifem Schnee schlagen und mit einem Holzspatel unter die noch warme Sauce ziehen. Die Masse in eine mit Butter ausgestrichene Souffléform von 1 Liter Inhalt füllen. Sofort auf die untere Schiene in den auf 180° vorgeheizten Backofen schieben. Das Soufflé 20 Minuten backen, dann die Hitze auf 200° erhöhen und weitere 20–25 Minuten backen, bis das Käsesoufflé schön kräftig braun und hoch aufgegangen ist. Sofort servieren.

Spinatsoufflé

Zutaten für 4 Portionen:
1 kg frischer Spinat · Salz
80 g Zwiebeln oder Schalotten
30 g Butter
½ Knoblauchzehe
Für die Sauce:
40 g Butter · 30 g Mehl
¼ l Milch · 2 Eßl. Sahne
4 Eigelbe · ½ Teel. Salz
frisch gemahlener Pfeffer
und geriebene Muskatnuß
50 g geriebener
Emmentaler Käse
4 Eiweiße
Für die Form:
Butter

Vorbereitungszeit: 50–60 Minuten
Backzeit: 35–40 Minuten

Den Spinat putzen und die dicken Stiele sorgfältig entfernen. Die Blätter waschen, in sprudelnd kochendem Salzwasser zusammenfallen lassen und sofort wieder herausnehmen. In einem Sieb gut abtropfen lassen und anschließend feinhacken. Die Zwiebeln oder die Schalotten schälen und feinhacken. Die Butter in einer Pfanne zerlaufen lassen. Die Zwiebel- oder Schalottenwürfel und die zerdrückte Knoblauchhälfte darin hell anschwitzen. Den gut abgetropften und ausgedrückten Spinat darunterrühren. Nach 2 Minuten vom Herd nehmen.
Für die Sauce die Butter in einer Kasserolle zerlaufen lassen. Das Mehl zugeben und 2–3 Minuten hellgelb anschwitzen. Nach und nach die Milch einrühren und die Sauce mit einem Schneebesen kräftig schlagen, bis sie vollständig glatt ist. 10–15 Minuten bei ganz geringer Hitze unter Rühren leise köcheln lassen. Die Sauce vom Herd nehmen und die Sahne darunterrühren. Dann die Eigelbe nacheinander unterrühren. Das Salz, Pfeffer, Muskat und den Käse zufügen. Den Spinat unter die Béchamelsauce rühren. Die Eiweiße zu steifem Schnee schlagen. Diesen mit einem Holzspatel vorsichtig unter die Spinatmasse ziehen und die Mischung in eine mit Butter ausgestrichene Souffléform von 1,5 Liter Inhalt füllen. Die Oberfläche glattstreichen. Das Soufflé im vorgeheizten Backofen bei 190° auf der unteren Schiene 35–40 Minuten backen. Bei Verwendung von Portionsförmchen (siehe Farbbild) beträgt die Backzeit 20–25 Minuten.

Broccolisoufflé

Ohne Abbildung

Zutaten für 4 Portionen:
500 g Broccoli
40 g Schalotten
2 Eßl. Öl
¼ l Hühnerbrühe
½ Teel. Salz
frisch gemahlener Pfeffer
Für die Sauce:
30 g Butter · 25 g Mehl
⅛ l Milch · 2 Eßl. Sahne
4 Eigelbe · ½ Teel. Salz
50 g geriebener
Emmentaler Käse
4 Eiweiße
Für die Form:
Butter

Vorbereitungszeit: 50–60 Minuten
Backzeit: 35–45 Minuten

Den Broccoli waschen und in kleine Röschen zerteilen; die Stiele mitverwenden. Die Schalotten schälen und würfeln. Das Öl in einer Kasserolle erhitzen und die Schalottenwürfel darin hell anschwitzen. Die Broccolistücke hineingeben, mit der Hühnerbrühe übergießen, mit dem Salz und Pfeffer würzen und bei Mittelhitze 10–15 Minuten garen. Die Hälfte des Broccoli pürieren, den Rest beiseite stellen.
Aus den angegebenen Zutaten wie beim nebenstehenden Rezept eine Béchamelsauce kochen. Das Broccolipüree dazugeben, den Eischnee darunterziehen und etwa ⅓ der Sofflémasse in die mit Butter ausgestrichene Form füllen, den zurückbehaltenen Broccoli hineinlegen und die restliche Schaummasse darübergeben. Die Oberfläche glattstreichen. Das Soufflé auf der unteren Schiene im vorgeheizten Backofen bei 200° 35–45 Minuten backen. Sofort servieren.

Geflügellebersoufflé

Zutaten für 4 Portionen:
60 g Zwiebeln
½ Knoblauchzehe
120 g frische Champignons
20 g Butter · ½ Teel. Salz
frisch gemahlener Pfeffer
etwas getrockneter Thymian und Rosmarin
1 Eßl. gehackte Petersilie
200 g Geflügelleber
2 Eßl. feines Pflanzenöl
Für die Sauce:
30 g Butter · 30 g Mehl
¼ l Milch · ¼ Teel. Salz
4 Eigelbe · 4 Eiweiße
Für die Form:
Butter

Vorbereitungszeit: 60 Minuten
Backzeit: 40–45 Minuten

Die Zwiebeln schälen und sehr fein hacken, die halbe Knoblauchzehe zerdrücken. Die Champignons putzen und in kleine Würfel schneiden. Die Butter in einer großen Pfanne erhitzen. Die Zwiebelwürfel und den Knoblauch darin hell anschwitzen. Die Pilzwürfel zufügen und etwa 2 Minuten dünsten. Mit dem Salz, etwas Pfeffer, Thymian, Rosmarin und der Petersilie würzen. Aus der Pfanne nehmen und abkühlen lassen. Die Geflügelleber in Würfel schneiden. Das Öl in der Pfanne sehr stark erhitzen. Die Leberwürfel darin unter Wenden hell anlaufen lassen. Sofort zu den Pilzen geben.
Für die Béchamelsauce die Butter in einer Kasserolle zerlassen. Das Mehl zugeben und hell anschwitzen. Die Milch auf einmal zugießen und mit dem Schneebesen kräftig durchrühren, bis eine glatte, cremige Sauce entstanden ist. Einmal kurz aufwallen lassen, mit dem Salz würzen und vom Herd nehmen. Etwas abkühlen lassen, dann die Eigelbe nacheinander darunterrühren. Die Sauce in ein großes Gefäß (Teigschüssel) gießen und mit der Lebermischung verrühren. Die Eiweiße steif schlagen. ⅓ des Eischnees unter die Lebermasse rühren, dann den Rest vorsichtig darunterheben. Eine Souffléform von 1½ Liter Inhalt mit Butter ausstreichen. Die Soufflémischung einfüllen. Sofort im auf 180° vorgeheizten Backofen auf der unteren Schiene etwa 15 Minuten backen. Die Hitze auf 200–210° erhöhen. Noch 25–30 Minuten backen.

Lachssoufflé

Ohne Abbildung

Zutaten für 4 Portionen:
50 g Schalotten
40 g Karotten/Möhren
40 g Stangensellerie/ Bleichsellerie
30 g Butter · 2 Eßl. Cognac
¼ Teel. Salz
2 Teel. gehackte Petersilie
frisch gemahlener Pfeffer
etwas abgeriebene Zitronenschale (Schale unbehandelt)
180 g Räucherlachs in Scheiben
Für die Sauce:
20 g Butter · 30 g Mehl
¼ l Milch · ½ Teel. Salz
4 Eigelbe
40 g geriebener Parmesankäse
5 Eiweiße
Für die Form:
Butter

Vorbereitungszeit: 60 Minuten
Backzeit: 35–50 Minuten

Die Schalotten, die Karotten und den Sellerie schälen beziehungsweise putzen und in sehr feine Würfel schneiden. Die Butter in einer großen Pfanne zerlassen. Die Schalotten darin etwa 2 Minuten hell anschwitzen. Die Karotten- und Selleriewürfel 2–3 Minuten mitdünsten. Den Cognac zugießen und mit dem Salz, der Petersilie, Pfeffer sowie Zitronenschale würzen. Abkühlen lassen. Den Lachs in etwa ½ cm große Quadrate schneiden. Unter die abgekühlte Gemüsemischung rühren. Eine Béchamelsauce zubereiten, wie im nebenstehenden Rezept beschrieben. Mit den Eigelben auch den geriebenen Käse darunterrühren. Den Eischnee unterheben. Die Soufflémasse in die gefettete Form füllen und backen, wie im nebenstehenden Rezept, aber nach 15–20 Minuten die Hitze auf 200° erhöhen. Das Soufflé noch 20–30 Minuten backen.

Garnelensoufflé

Zutaten für 4 Portionen,
als Vorspeise für 6–8 Portionen:
Für die Sauce:
40 g Butter · 30 g Mehl
¼ l Milch · ½ Teel. Salz
frisch gemahlener Pfeffer
Für die Garnelenmischung:
120 g frische Champignons
30 g Butter
1 Eßl. feingehackte Zwiebel
200 g gekochte und geschälte kleine Garnelen oder Nordseekrabben
Außerdem:
4 Eigelbe
150 g geriebener mittelalter Goudakäse
1 Eßl. gehackte Petersilie
1 Teel. gehackter Dill
4 Eiweiße
Für die Form:
Butter

Vorbereitungszeit: 60 Minuten
Backzeit: 40–45 Minuten

Für die Béchamelsauce die Butter in einer Kasserolle zerlassen. Das Mehl zugeben und bei schwacher Hitze 2–3 Minuten mit dem Schneebesen rühren. Die Milch zugießen und rühren, bis eine glatte Sauce entstanden ist; einmal aufkochen lassen. Dann mit dem Salz und etwas Pfeffer würzen. Vom Herd nehmen.
Die Champignons putzen und blättrig schneiden. In einer großen Pfanne die Butter zerlassen. Die feingehackte Zwiebel darin hell anschwitzen. Die Pilze zugeben und 1–2 Minuten dünsten. Vom Herd nehmen und die Garnelen zufügen.
Die Eigelbe unter die warme Béchamelsauce rühren, anschließend den Käse einrühren. Die Petersilie und den Dill zufügen und dann die Champignon-Garnelen-Mischung locker darunterheben. Die Eiweiße zu steifem Schnee schlagen und unter die Masse ziehen. Eine Souffléform von 1½ Liter Inhalt (oder zwei Formen von je ¾ Liter) mit Butter ausstreichen. Die Soufflémasse einfüllen und sofort auf die untere Schiene in den auf 180° vorgeheizten Backofen schieben. Nach 20 Minuten die Hitze auf 200° erhöhen. Das Soufflé weitere 20–25 Minuten backen, bis es schön aufgegangen und braun ist. Sofort servieren.

Schinkensoufflé

Ohne Abbildung

Zutaten für 4 Portionen,
als Vorspeise für 6–8 Portionen:
Für die Sauce:
30 g Butter · 30 g Mehl
¼ l Milch · ½ Teel. Salz
frisch gemahlener Pfeffer
4 Eigelbe
Für die Schinkenmischung:
100 g gekochter Schinken
80 g durchwachsener Räucherspeck
30 g Butter
1 Eßl. gehackte Zwiebel
½ Knoblauchzehe
Außerdem:
40 g geriebener Emmentaler Käse
5 Eiweiße
Für die Form:
Butter

Vorbereitungszeit: 40–50 Minuten
Backzeit: 35–40 Minuten

Aus den angegebenen Zutaten, wie im nebenstehenden Rezept beschrieben, eine Béchamelsauce kochen, würzen und die Eigelbe darunterrühren.
Den Schinken und den Speck in kleine Würfel schneiden. Die Butter in einer großen Pfanne zerlassen. Die Zwiebel und die zerdrückte Knoblauchzehe darin hell anschwitzen. Die Schinken- und Speckwürfel zufügen und 1–2 Minuten andünsten. Etwas abkühlen lassen und zusammen mit dem Käse unter die Béchamelsauce rühren. Die Eiweiße zu steifem Schnee schlagen und vorsichtig unter die Masse ziehen. In eine vorbereitete Souffléform füllen und wie im nebenstehenden Rezept backen.

Hirnsoufflé

Zutaten für 6–8 Portionen als Vorspeise:
Für die Füllung:
400 g Kalbshirn
¼ l gewürzte Hühnerbrühe
80 g Schalotten
120 g frische Champignons
30 g Butter
Salz und frisch gemahlener Pfeffer
1 Eßl. gehackte Petersilie
2 cl Cognac
1 cl trockener Wermut
Für die Förmchen:
Butter
Für die Soufflémasse:
30 g Butter · 30 g Mehl
¼ l Milch · ½ Teel. Salz
frisch gemahlener Pfeffer
40 g geriebener Parmesankäse
4 Eigelbe · 5 Eiweiße

Vorbereitungszeit: 50–60 Minuten
Backzeit: 25–35 Minuten

Das Kalbshirn unter fließendem kaltem Wasser etwa 10 Minuten wässern, dann sorgfältig enthäuten und kleinwürfeln. Die Hühnerbrühe bei schwacher Hitze etwa auf ⅓ einkochen lassen. Die Schalotten schälen und feinwürfeln. Die Pilze putzen, in dünne Scheiben schneiden und diese kleinhacken. Die Butter in einer Pfanne zerlassen und die Schalottenwürfel darin hell anschwitzen. Die gehackten Pilze 2–3 Minuten mitdünsten; dann das kleingeschnittene Hirn zugeben. Die reduzierte Hühnerbrühe zugießen und das Ganze weitere 3–4 Minuten bei offener Pfanne dünsten; die Flüssigkeit sollte weitgehendst verdampfen. Eventuell noch mit Salz und Pfeffer abschmecken. Die Petersilie, den Cognac und den Wermut zufügen. Noch 1–2 Minuten weiterdünsten. 6 bis 8 kleine Förmchen mit Butter ausstreichen und die Hälfte der Hirnfüllung in den Förmchen verteilen.

Für die Soufflémasse die Butter in einer Kasserolle zerlassen. Das Mehl zugeben und hell anschwitzen. Die Milch auf einmal zugießen und mit dem Schneebesen kräftig durchrühren, bis eine cremige Sauce entstanden ist. 2–3 Minuten unter Rühren kochen. Mit dem Salz, etwas Pfeffer und dem Käse würzen. Abkühlen lassen und die Eigelbe nacheinander unterrühren. Die Sauce in eine große Schüssel geben und das restliche Hirn darunterrühren. Die Eiweiße steif schlagen. Zunächst ⅓ vom Eischnee unter die Soufflémischung rühren, den restlichen Eischnee vorsichtig unterheben. In die Förmchen füllen und glattstreichen. Sofort auf die untere Schiene in den auf 180° vorgeheizten Backofen schieben. Nach 10–15 Minuten die Hitze auf 200° erhöhen. Die Soufflés weitere 15 bis maximal 20 Minuten backen.

Forellensoufflé

Ohne Abbildung

Zutaten für 6–8 Portionen als Vorspeise:
40 g Zwiebel oder Schalotten
40 g Karotten/Möhren
20 g Butter
250 g geräucherte Forellenfilets
1 Eßl. gehackte Petersilie
Salz und Pfeffer
Für die Förmchen:
Butter
Für die Soufflémasse:
Zutaten wie beim Hirnsoufflé

Vorbereitungszeit: 50 Minuten
Backzeit: 25–35 Minuten

Die Zwiebel oder die Schalotten schälen und würfeln. Die Karotten putzen und ebenfalls würfeln. Die Butter in einer Pfanne zerlassen und darin die Zwiebel- oder Schalottenwürfel hell anschwitzen. Die Karottenwürfel zugeben und 2–3 Minuten dünsten. Die Forellenfilets zerbröckeln oder in Würfel schneiden, in die Pfanne geben, kurz durchschwenken und sofort vom Herd nehmen. Mit der Petersilie, Salz und Pfeffer würzen. Kleine Förmchen mit Butter ausstreichen und die Hälfte der Fischfüllung darin verteilen.

Die Soufflémasse nach dem nebenstehenden Rezept zubereiten und die restliche Fischmischung darunterheben. In die Förmchen geben, glattstreichen und backen, wie beim Rezept »Hirnsoufflé«.

Orangensoufflé

Die zarten süßen Soufflés werden genauso zubereitet wie die »pikanten«. Grundlage ist eine Béchamelsauce, die mit Eigelb versetzt und mit Eischnee gelockert wird. Die nebenstehende Bildfolge zeigt jedoch eine andere Methode der Béchamelzubereitung, nämlich mit Mehlbutter. Hier wird umgekehrt verfahren, nicht die Milch kommt in die Mehl-Butter-Mischung, sondern die Mehlbutter wird unter die heiße Milch gerührt. Die weitere Verarbeitung ist weitgehend identisch mit den Rezepten im vorangegangenen Kapitel.

Zutaten für 6–8 Portionen:
2 Orangen (Schale unbehandelt)
30 g Würfelzucker
60 g weiche Butter
50 g Mehl
½ Vanilleschote
¼ l Milch
4 cl Orangenlikör
4 Eigelbe
5 Eiweiße
60 g Zucker
Für die Form:
weiche Butter
Zucker
Zum Besieben:
Puderzucker

Vorbereitungszeit: etwa 50 Minuten
Backzeit: etwa 40 Minuten

Die Orangen unter fließendem heißem Wasser kräftig abbürsten und dann abtrocknen. Mit dem Würfelzucker die Schale dünn abreiben und die Zuckerstücke in eine Kasserolle geben. Den Saft der Orangen auspressen, zum Würfelzucker geben und zum Kochen bringen. Die Flüssigkeit bis etwa zur Hälfte einkochen (reduzieren), vom Herd nehmen und erkalten lassen.
Die weiche Butter mit dem Mehl mit Hilfe einer Gabel gründlich verkneten. Daraus eine kleine Rolle formen und diese, in Pergamentpapier eingewickelt, im Kühlschrank fest werden lassen.

Bild 1: Das Mark aus der halben Vanilleschote kratzen, in die Milch geben und aufkochen. Die Mehlbutter in Scheiben schneiden und die Scheiben nacheinander unter die Milch rühren.

Bild 2: Mit dem Schneebesen weiterrühren, bis das Mehl die Flüssigkeit fast vollständig gebunden hat und eine glatte Masse entstanden ist. Den reduzierten Orangensaft und den Orangenlikör unterrühren.

Bild 3: Nacheinander die Eigelbe unter die abgekühlte Masse rühren. In einer zweiten Schüssel die Eiweiße von Anfang an mit der gesamten Zuckermenge zu steifem Schnee schlagen. Diese Methode ergibt zwar nicht so viel Volumen, aber der Schnee wird dadurch fester und widerstandsfähiger.

Bild 4: Die Soufflémasse in eine Schüssel umfüllen und zuerst ⅓ des Eischnees zugeben und unterrühren, dann den großen Rest vorsichtig unterziehen, damit die Masse möglichst wenig an Volumen verliert.

Bild 5: Eine Souffléform von 1½ Liter Inhalt mit weicher Butter ausstreichen und mit Zucker ausstreuen. Die Soufflémasse einfüllen, die Oberfläche glattstreichen und die Form sofort auf die untere Schiene in den auf 180° vorgeheizten Backofen schieben. Das Soufflé etwa 40 Minuten backen, bis es schön aufgegangen und die Oberfläche braun ist.

Bild 6: Das Orangensoufflé aus dem Ofen nehmen, rasch mit Puderzucker besieben und sofort servieren.

Vanillesoufflé mit Früchten

Zutaten für 4 Portionen:
Für die Form:
Butter · Zucker
2 Orangen · 2 Kiwis
100 g Preiselbeerkompott
3 cl Rum
Für die Soufflémasse:
50 g weiche Butter · 50 g Mehl
¼ l Milch · ½ Vanilleschote
1 Messerspitze Salz · 4 Eigelbe
5 Eiweiße · 70 g Zucker
Zum Besieben:
Puderzucker

Vorbereitungszeit: 50 Minuten
Backzeit: 45–50 Minuten

Eine Souffléform von 1½ Liter Inhalt mit Butter ausstreichen und mit Zucker ausstreuen. Die Orangen schälen und die Filets heraustrennen. Die Kiwis ebenfalls schälen und in dünne Scheiben schneiden. Die Orangenfilets an den Rand der Form legen, den Boden mit den Kiwischeiben und dem Preiselbeerkompott ausfüllen. Den Rum über die Früchte gießen.
Die weiche Butter mit dem Mehl verkneten, zu einer Rolle formen und im Kühlschrank erkalten lassen. Die Milch mit der längs halbierten Vanilleschote und dem Salz zum Kochen bringen. Die Vanilleschote herausnehmen und das Mark in die Milch abstreifen. Die Mehlbutter in Scheiben schneiden und nacheinander unter die kochende Milch rühren, bis die Flüssigkeit vollständig gebunden ist. Vom Herd nehmen und in eine große Schüssel umfüllen. Die Eigelbe nacheinander mit dem Schneebesen darunterrühren. Die Eiweiße steif schlagen und den Zucker einrieseln lassen. Vom Eischnee zunächst ⅓ unter die Grundmasse rühren, den Rest vorsichtig unterheben, damit die Masse möglichst wenig an Volumen verliert. Dann in die Form füllen. Im auf 180° vorgeheizten Backofen auf der unteren Schiene etwa 20 Minuten backen. Dann die Hitze (nur wenn nötig) auf 200° erhöhen und weitere 25–30 Minuten backen. Falls die Oberfläche zu braun wird, ein Backblech in die oberste Schiene des Ofens schieben, um die Hitze etwas abzuhalten. Das Soufflé mit Puderzucker besieben und sofort servieren.
Dazu paßt Schokoladensauce.

Schokoladensauce

Zutaten für 4 Portionen:
¼ l Sahne · 30 g Honig
½ Vanilleschote
200 g bittere Schokolade

Zubereitungszeit: 15 Minuten

Die Sahne mit dem Honig und der längs aufgeschnittenen Vanilleschote aufkochen. Dann die Schote herausnehmen und das Mark in die Honigsahne abstreifen. Die Schokolade im Wasserbad auflösen und die heiße Sahne nach und nach mit dem Schneebesen unterrühren.

Haselnußsoufflé

Ohne Abbildung

Zutaten für 4 Portionen:
50 g Butter · 50 g Mehl
¼ l Milch
1 Messerspitze Zimtpulver
4 Eigelbe
80 g geröstete, geriebene Haselnüsse
4 Eiweiße · 70 g Zucker
Für die Form:
Butter
geröstete, geriebene Haselnüsse
Zum Besieben:
Kakaopulver

Vorbereitungszeit: 50 Minuten
Backzeit: 45–50 Minuten

Das Soufflé nach der gleichen Methode zubereiten wie das »Vanillesoufflé«. Nachdem die Eigelbe unter die Grundmasse gerührt wurden, die Haselnüsse hinzufügen, dann den Eischnee darunterziehen. Das Soufflé im vorgeheizten Backofen (untere Schiene) bei 180° etwa 20 Minuten backen. Dann die Hitze auf etwa 200° erhöhen und das Soufflé in 25–30 Minuten fertig backen. Mit Kakaopulver besieben und sofort servieren.

Clafoutis mit Pflaumen

Im Bild vorne

Als »süße Hausmannskost nach französischer Art« könnte man diesen Auflauf mit Früchten bezeichnen. Er ist ein typisch ländliches Gericht aus dem Limousin.

Zutaten für 6–8 Portionen:
500 g entsteinte, reife Pflaumen
30 g Puderzucker
4 cl Zwetschgenwasser
Für den Teig:
4 Eier · 80 g Zucker
1 Messerspitze Salz
½ Vanilleschote
120 g Mehl · ¼ l Milch
Für die Form und zum Besieben:
Butter
Puderzucker

Vorbereitungszeit: etwa 30 Minuten
Backzeit: 40–45 Minuten

Die entsteinten Pflaumen in eine Schüssel geben, mit dem Puderzucker bestreuen und mit dem Zwetschgenwasser übergießen, dann zugedeckt etwa 1 Stunde ziehen lassen.
Die Eier mit dem Zucker schaumig rühren. Das geht am besten mit der Küchenmaschine oder dem Handrührgerät. Die Masse soll sehr schaumig werden. Dann das Salz und das aus der Vanilleschote herausgeschabte Mark zugeben. Das gesiebte Mehl darunterheben und zum Schluß mit dem Schneebesen die Milch unterrühren. Eine entsprechend große Auflaufform mit Butter ausstreichen und etwa ein Drittel der Masse hineinfüllen. Die Pflaumen mit dem entstandenen Saft darauf verteilen. Die restliche Masse darübergeben und verlaufen lassen. Den Backofen auf 180° vorheizen. Den Auflauf darin auf der unteren Schiene in 40–45 Minuten schön hellbraun backen. Zur Sicherheit sollten Sie, wie bei einer Biskuitmasse, mit einem Holzstäbchen prüfen, ob der Teig auch wirklich gar ist. Den Clafoutis herausnehmen, mit Puderzucker besieben und sofort servieren.

Clafoutis mit Birnen

Im Bild hinten

Zutaten für 6–8 Portionen:
1 kg Birnen
½ l Wasser
150 g Zucker
1 Zimtstange
2 Nelken
2 Eßl. Zitronensaft
Für den Teig:
4 Eigelbe · 80 g Zucker
abgeriebene Schale von ½ Zitrone
(Schale unbehandelt)
1 Messerspitze Salz
⅛ l Milch
4 Eiweiße
100 g Mehl
Außerdem:
Butter für die Form
200 g Preiselbeerkompott
Puderzucker zum Besieben

Vorbereitungszeit: 40–50 Minuten
Backzeit: 35–40 Minuten

Die Birnen schälen, halbieren, das Kerngehäuse herausstechen und die Birnenhälften in eine große Kasserolle geben. Mit dem Wasser übergießen, den Zucker, die Zimtstange, die Nelken und den Zitronensaft hinzufügen. Bei schwacher Hitze 4–5 Minuten dünsten. Die Birnen herausnehmen, abtropfen lassen und den Sud zu dickem Sirup einkochen. Die Eigelbe mit der Hälfte des Zuckers, der Zitronenschale und dem Salz schaumig rühren. Die Milch dazugeben. Die Eiweiße zu steifem Schnee schlagen und den restlichen Zucker einrieseln lassen. Den Eischnee vorsichtig unter die Eigelbmasse und zum Schluß das Mehl unterheben. Eine Auflaufform mit Butter ausstreichen. Die Birnen mit der Öffnung nach oben in die Form legen und mit Preiselbeerkompott füllen. Den eingekochten Birnensud darübergießen. Das Ganze mit der Clafoutis-Masse bedekken. Im vorgeheizten Backofen bei etwa 190° auf der unteren Schiene 40 Minuten backen. Mit Puderzucker besieben und sofort servieren.

Hirseauflauf mit Dörrobst

Zutaten für 4–6 Portionen:
100 g getrocknete Äpfel
100 g getrocknete Aprikosen
150 g getrocknete Pflaumen ohne Stein
4 cl Zwetschgenwasser
Saft von je ½ Zitrone und ½ Orange
1 l Milch · ½ Vanilleschote
¼ Teel. Salz · 1 Eßl. Zucker
200 g Hirse · 4 Eigelbe
4 Eiweiße · 100 g Zucker
Für die Form:
Butter
Zum Besieben:
Puderzucker

Vorbereitungszeit: 30–40 Minuten
Marinierzeit: 30–60 Minuten
Backzeit: 45–50 Minuten

Die getrockneten Früchte in Stükke schneiden und in eine Schüssel geben. Das Zwetschgenwasser mit dem Zitronen- und Orangensaft mischen und über die Fruchtstücke gießen. Zugedeckt 30 bis 60 Minuten durchziehen lassen. Inzwischen die Milch mit der längs aufgeschnittenen Vanilleschote erhitzen. Das Salz und 1 Eßlöffel Zucker zugeben. Einmal aufkochen lassen. Die Vanilleschote herausnehmen und das Mark in die Milch abstreifen. Die Hirse zufügen. Die Hitze reduzieren und die Hirse in etwa 20 Minuten zu einem dicken Brei kochen. Etwas abkühlen lassen. Die Eigelbe nacheinander unterrühren, dann das Dörrobst samt Flüssigkeit unterarbeiten. Die Eiweiße steif schlagen, 100 g Zucker einrieseln lassen und weiter schlagen, bis ein schnittfester Schnee entstanden ist. Zunächst ⅓ davon unter den Hirsebrei rühren, dann den großen Rest vorsichtig unterheben, damit die Masse möglichst wenig an Volumen verliert.
Eine Auflaufform von etwa 2 Liter Inhalt mit reichlich Butter ausstreichen. Die Mischung einfüllen und glattstreichen. Den Auflauf im auf 180° vorgeheizten Backofen auf der unteren Schiene etwa 20 Minuten backen. Die Hitze geringfügig erhöhen und weitere 25–30 Minuten garen, bis die Oberfläche knusprig braun und der Auflauf durchgebacken ist.

Reisauflauf

Ohne Abbildung

Zutaten für 4 Portionen:
1 l Milch · ¼ Teel. Salz
1 Vanilleschote
abgeriebene Schale von ½ Zitrone (Schale unbehandelt)
125 g Rundkornreis (Milchreis)
4 Eigelbe · 50 g weiche Butter
70 g Zucker
500 g Äpfel
100 g Sauerkirschkonfitüre
4 Eiweiße
Für die Form:
Butter

Vorbereitungszeit: 30–40 Minuten
Backzeit: 45–50 Minuten

Die Milch mit dem Salz, der längs aufgeschnittenen Vanilleschote und der Zitronenschale zum Kochen bringen. Den Reis zugeben und bei stark reduzierter Hitze in 20 Minuten ausquellen lassen. Die Vanilleschote herausnehmen und das Mark in den Reisbrei abstreifen. Etwas abkühlen lassen. Die Eigelbe nacheinander unterrühren. Den Brei vollständig abkühlen lassen.
Die Butter mit der Hälfte des Zukkers schaumig rühren und unter den Reisbrei mischen. Eine Auflaufform von etwa 2 Liter Inhalt mit Butter ausstreichen. Die Äpfel schälen, vom Kernhaus befreien und in Spalten schneiden. Die Form damit auslegen und die Konfitüre darüber verteilen. Die Eiweiße steif schlagen, den restlichen Zucker einrieseln lassen und weiter schlagen, bis der Schnee schnittfest ist. ⅓ des Eischnees unter den Reisbrei rühren, dann den Rest vorsichtig unterheben. Die Reismasse über die Äpfel verteilen und glattstreichen. Im auf 180° vorgeheizten Backofen auf der unteren Schiene 45–50 Minuten backen.

Tip: Man kann den Reis- wie den Hirseauflauf auch kalt servieren. Er fällt zwar dann etwas zusammen, verliert aber nichts von seinem Wohlgeschmack.

Quarkauflauf mit Äpfeln

Zutaten für 4–6 Portionen:
80 g Rosinen
2 cl brauner Rum
800 g Äpfel (Boskop oder Cox Orange)
100 g gemahlene Mandeln
Für die Form:
weiche Butter · Zucker
Für die Quarkmasse:
1 Zitrone (Schale unbehandelt)
4 Eigelbe
120 g Butter
¼ Teel. Salz
500 g Schichtkäse, gut abgelaufen
20 g Mehl
30 g Speisestärke
4 Eiweiße
100 g Zucker
Zum Bestreuen und Besieben:
gehobelte Mandeln
Puderzucker

Vorbereitungszeit: 30–40 Minuten
Backzeit: 35–40 Minuten

Die Rosinen in dem Rum einweichen. Die Äpfel schälen, halbieren, das Kerngehäuse entfernen und dabei die Apfelhälften leicht aushöhlen. Die eingeweichten Rosinen mit dem Rum pürieren und mit den gemahlenen Mandeln gut vermischen. Die Apfelhälften damit füllen.
Eine Auflaufform mit weicher Butter ausstreichen und mit Zucker ausstreuen. Die Apfelhälften mit der Füllung nach unten in die Form setzen.
Die Zitrone dünn abreiben und auspressen. Die Eigelbe mit der Butter, dem Zitronensaft und der abgeriebenen Zitronenschale, dem Salz, dem Schichtkäse, dem Mehl und der Speisestärke zu einer glatten Masse verrühren. Die Eiweiße mit dem Zucker zu steifem Schnee schlagen und unter die Quarkmasse ziehen. Diese dann gleichmäßig über die Äpfel verteilen, glattstreichen und mit Mandelblättchen bestreuen. Die Form auf die untere Schiene in den auf 200° vorgeheizten Backofen schieben und den Auflauf 35–40 Minuten backen. Dabei aufpassen, daß die Oberfläche nicht zu dunkel wird. Eventuell in den letzten 10 Minuten mit Alufolie oder Pergamentpapier abdekken.
Himbeersauce paßt besonders gut zu diesem Auflauf.

Himbeersauce

Zutaten für 4–6 Portionen:
750 g Himbeeren
1 Orange (Schale unbehandelt)
100 g Puderzucker
⅛ l Rotwein

Zubereitungszeit: 25 Minuten

Die Himbeeren verlesen, möglichst nicht waschen. Die Orange dünn abreiben.
Den Puderzucker in einem Topf bei nicht zu großer Hitze schmelzen lassen. Sobald er flüssig ist, 250 g Himbeeren zugeben, unterrühren und einmal aufkochen lassen. Die Himbeermasse durch ein Sieb streichen, dann die Orangenschale und den Rotwein zugeben und das Püree 4–5 Minuten einkochen lassen.
Die restlichen Himbeeren in die Sauce geben und diese abkühlen lassen. Zum Quarkauflauf servieren.

Grießauflauf mit Pflaumen

Ein Auflauf wie dieser ist echte, herzhafte Hausmannskost. Solche süßen Aufläufe sind die Lieblingsgerichte der Kinder. Sie werden meist als Hauptmahlzeit serviert, selten in kleinen Portionen als Nachtisch, wenngleich das natürlich auch möglich ist. Man muß nur die Rezeptmenge halbieren und eine entsprechend kleinere Form verwenden, oder man bäckt den Auflauf gleich in Portionsförmchen.
Der folgende Grießauflauf ist recht luftig und locker. Er fällt deshalb auch leicht zusammen, wenn er Zugluft bekommt oder nicht sofort serviert werden kann. Will man die Grießmasse etwas stabiler und unempfindlicher machen, dann schlägt man nur 2 Eiweiße zu Schnee und rührt die anderen 3 Eiweiße mit den Eigelben unter den Grießbrei.

Zutaten für 4 Portionen:
600 g reife Pflaumen
80 g Marzipanrohmasse
1 Messerspitze Zimtpulver
50 g Honig
½ l Milch
30 g Zucker
¼ Teel. Salz
abgeriebene Schale von ½ Zitrone (Schale unbehandelt)
das Mark von ½ Vanilleschote
100 g Weizengrieß
30 g Butter
5 Eigelbe
5 Eiweiße
50 g Zucker
Für die Form:
Butter
Semmelbrösel
Zum Besieben:
Puderzucker

Vorbereitungszeit: etwa 40 Minuten
Backzeit: 35–40 Minuten

Die Pflaumen waschen, abtrocknen, halbieren und die Steine entfernen. Die Fruchthälften in eine Schüssel geben. Die Marzipanrohmasse in kleine Würfel schneiden, mit dem Zimt und dem Honig verrühren. Diese Mischung auf den Pflaumen verteilen und 2–3 Stunden durchziehen lassen.
Die Milch mit dem Zucker, dem Salz, der Zitronenschale und dem Vanillemark zum Kochen bringen. Den Grieß langsam einrieseln lassen und bei ganz schwacher Hitze unter Rühren etwa 5 Minuten ausquellen lassen. Den Topf vom Herd nehmen. Zuerst die Butter, dann nacheinander die Eigelbe unterrühren. Die Eiweiße steif schlagen. 50 g Zucker langsam einrieseln lassen und weiterschlagen, bis der Eischnee schnittfest ist. Mit einem Kochlöffel unter den warmen Grießbrei ziehen. Eine Form mit Butter ausstreichen und mit Semmelbröseln ausstreuen. Von der Grießmasse eine 1 cm dicke Schicht einfüllen. Die Pflaumen mit der Honigsauce darauf verteilen. Die übrige Grießmasse darübergeben und die Oberfläche glattstreichen. Den Auflauf im vorgeheizten Backofen bei 200° auf der unteren Schiene in 35–40 Minuten hellbraun backen. Mit Puderzucker besieben und sofort servieren.

Variante: Grießauflauf mit Kirschen

Für die Füllung ⅛ l Rotwein mit 50 g Zucker, ½ Stange Zimt und 1 Nelke aufkochen. 500 g reife Süßkirschen entsteinen, in eine Schüssel geben, mit der Rotweinmischung übergießen und 1–2 Stunden durchziehen lassen. Den Auflauf wie beim vorangegangenen Rezept zubereiten.

Topfenpalatschinken mit Powidl

Diese feinen, dünnen Pfannkuchen aus der Wiener Mehlspeisenküche sind ungeheuer variabel, weil man sie mit allen möglichen Füllungen bestreichen und dann aufrollen kann. Die echten Topfenpalatschinken werden immer mit einer Royale (Eiersahne) übergossen und überbacken.

Zutaten für 4 Portionen:
100 g Mehl
⅛ l Milch
1/16 l Sahne
2 Eier
1 Prise Salz
1 Teel. Zucker
1 Eßl. Öl
Zum Ausbacken und für die Form:
Butter
Für die Füllung:
50 g weiche Butter
100 g Zucker
¼ Teel. Salz
abgeriebene Schale von 1 Zitrone (Schale unbehandelt)
2 Eigelbe
400 g Quark (Topfen)
2 Eiweiße
180 g Powidl (Pflaumenmus)
Für die Royale (Eiersahne):
1 Ei
1/16 l Sahne
1 Eßl. Zucker
Zum Bestreuen und Besieben:
Butter · Puderzucker

Vorbereitungszeit: etwa 1 Stunde
Ruhezeit für den Teig: mindestens 1 Stunde
Backzeit: etwa 25 Minuten

Das Mehl in eine Schüssel geben und mit der Milch, der Sahne und den Eiern verrühren. Mit dem Salz und dem Zucker würzen, dann das Öl zufügen. Den Teig kräftig durchrühren (er darf keinerlei Klümpchen haben) und anschließend gut 1 Stunde ruhen lassen, damit das Mehl entsprechend ausquellen kann.
Vor dem Backen den Teig noch einmal kurz durchrühren und, wenn er zu dick geworden sein sollte, einige Löffel Milch zufügen. Er soll sich ganz dünnflüssig in der Pfanne verteilen. In einer Pfanne von 18 cm Durchmesser mit Butter aus dem Teig nacheinander 8–10 Palatschinken backen. Die kleinen, dünnen Pfannkuchen auf einen Teller schichten und warm halten.
Für die Füllung die weiche Butter mit der Hälfte des Zuckers, dem Salz und der abgeriebenen Zitronenschale schaumig rühren. Dann die Eigelbe und den Quark darunterrühren. Die Eiweiße mit dem restlichen Zucker zu steifem Schnee schlagen und unter die Quarkmasse ziehen.
Eine runde oder ovale Form mit Butter ausstreichen und einen der Pfannkuchen als Boden hineinlegen. Die übrigen Pfannkuchen auf einer Arbeitsfläche ausbreiten und dünn mit dem Powidl bestreichen. Dann die Quarkmasse darauf verteilen und glattstreichen. Die Pfannkuchen aufrollen. Jede Rolle vorsichtig (damit die Füllung nicht herausquillt) in 3–4 gleichlange Stücke schneiden. Diese aufrecht in die Form stellen. Für die Royale das Ei mit der Sahne und dem Zucker verquirlen und über die Palatschinken gießen. Das Ganze mit Butterflöckchen besetzen und im vorgeheizten Backofen auf der Mittelschiene bei 200° etwa 25 Minuten hellbraun backen. Mit Puderzucker besieben und sofort servieren.

Variante: Erdbeerpalatschinken

Der Teig wird ebenso zubereitet und gebacken wie beim nebenstehenden Rezept. Auch die Füllung ist identisch, jedoch läßt man das Pflaumenmus weg und nimmt dafür Erdbeeren, die folgendermaßen vorbereitet werden: 250 g frische Erdbeeren entstielen, vierteln und in einer Schüssel mit 50 g Puderzucker besieben. Mit 2 cl braunem Rum übergießen und etwa 1 Stunde zugedeckt durchziehen lassen. Die Pfannkuchen wie beschrieben ausbreiten, die Topfenfüllung darauf verteilen, glattstreichen und die Erdbeeren samt entstandener Sauce daraufgeben. Die Pfannkuchen aufrollen (sie werden nicht durchgeschnitten), nebeneinander in eine gefettete Form legen und mit der Royale übergießen. Wie nebenstehend backen und mit Puderzucker besieben.

Normannische Apfelgratins

Zutaten für 4 Portionen:
600 g Äpfel (möglichst Cox Orange)
30 g Zucker · 2 cl Calvados
Für die Förmchen:
Butter
Außerdem:
⅛ l Milch · 1 Eßl. Zucker
⅓ Vanilleschote
2 Eigelbe · 1 Eiweiß
Zum Besieben:
Puderzucker
Für den Guß:
¼ l Sahne · 1 Eßl. Zucker

Vorbereitungszeit: 30–40 Minuten
Marinierzeit: etwa 1 Stunde
Backzeit: etwa 20 Minuten

Die Äpfel schälen, vom Kernhaus befreien und in grobe Würfel oder Spalten schneiden. Diese in einer Schüssel mit dem Zucker bestreuen und mit dem Calvados übergießen. Etwa 1 Stunde zugedeckt marinieren.
Vier kleine Förmchen mit Butter ausstreichen und die Apfelstücke samt der Marinade darin verteilen. Die Milch mit der längs aufgeschnittenen Vanilleschote aufkochen. Vom Herd nehmen. Die Vanilleschote herausnehmen und das Mark daraus in die Milch abstreifen. Abkühlen lassen. Die Eigelbe in die Milch rühren. Die Eiweiße halbsteif schlagen und darunterrühren. Die Mischung auf den Äpfeln verteilen. Die Gratins im auf 210° vorgeheizten Backofen auf der Mittelschiene etwa 10 Minuten backen. Dann mit Puderzucker besieben und weitere 10 Minuten backen.
Die Sahne mit dem Zucker halbsteif schlagen und kurz vor dem Servieren auf den heißen Apfelgratins verteilen.

Walderdbeergratin

Ohne Abbildung

Zutaten für 4 Portionen:
40 g Marzipanrohmasse
3–4 Eßl. Sahne · 20 g Zucker
1 Eßl. brauner Rum
Für die Förmchen:
Butter
Außerdem:
200 g Walderdbeeren, ersatzweise kleine Gartenerdbeeren
⅛ l Milch · 2 Eigelbe
2 Eiweiße · 1 Eßl. Zucker
Zum Bestreuen und Besieben:
30 g gehobelte Mandeln
Puderzucker

Vorbereitungszeit: 30–40 Minuten
Backzeit: 20–25 Minuten

Die Marzipanrohmasse mit der Sahne, dem Zucker und dem Rum verrühren; es soll eine glatte, schaumige Masse entstehen. Vier kleine Förmchen mit Butter ausstreichen. Die Marzipanmasse einfüllen. Die Erdbeeren verlesen (nicht waschen) und in die Förmchen verteilen.
Die Milch mit den Eigelben verrühren. Die Eiweiße mit dem Zukker steif schlagen und unter die Milch rühren. Die Mischung auf die Erdbeeren geben und mit den Mandeln bestreuen. Im auf 200° vorgeheizten Backofen auf der Mittelschiene 10 Minuten backen. Mit Puderzucker besieben und weitere 10–15 Minuten backen, bis die Oberfläche schön karamelisiert ist.

Himbeer-Reis-Auflauf

Zutaten für 4–8 Portionen:
½ l Milch · 1 Messerspitze Salz
1 Eßl. Zucker · ½ Vanilleschote
100 g Rundkornreis (Milchreis)
40 g Butter
40 g Marzipanrohmasse
50 g Zucker
2 Eigelbe · 2 Eiweiße
Für die Form:
Butter
Außerdem:
250 g frische oder tiefgefrorene Himbeeren
2 cl Rum · 1 Eßl. Zitronensaft
Für die Baiserhaube:
3 Eiweiße · 90 g Zucker

Vorbereitungszeit: 45 Minuten
Backzeit: 30–40 Minuten

Die Milch mit dem Salz, 1 Eßlöffel Zucker und der längs aufgeschnittenen Vanilleschote zum Kochen bringen. Einige Male aufkochen lassen, dann die Vanilleschote wieder herausnehmen, das Mark herausstreifen und in die Milch geben. Den Reis einrieseln lassen und bei ganz geringer Hitze 20–30 Minuten ausquellen lassen. Er soll zwar noch körnig sein, aber durch und durch weich. Vom Herd nehmen und erkalten lassen.
Die Butter mit der Marzipanrohmasse und 25 g Zucker schaumig rühren. Dann nacheinander die Eigelbe zugeben. Diese Mischung unter den erkalteten Reis rühren. Die Eiweiße zu Schnee schlagen, die restlichen 25 g Zucker langsam einrieseln lassen und den schnittfesten Schnee vorsichtig unter die Reismasse ziehen.
Eine Auflaufform mit Butter ausstreichen. In die Form die Himbeeren füllen, mit dem Rum und dem Zitronensaft beträufeln, die Reismasse darübergeben und die Oberfläche glattstreichen. Den Auflauf auf die untere Schiene in den auf 200° vorgeheizten Backofen schieben und 30–40 Minuten backen.
Etwa 10 Minuten vor Ende der Backzeit für die Baiserhaube die Eiweiße zu steifem Schnee schlagen und den Zucker langsam einrieseln lassen. Diesen glatten, schnittfesten Eischnee in einen Spritzbeutel mit großer Sterntülle füllen und, sobald der Auflauf fertig gebacken ist, die Baiserhaube darüberspritzen. Die Temperatur des Ofens auf 250° erhöhen und den Auflauf schön gelbbraun überbacken. Die Ofentür dabei einen Spalt geöffnet lassen, damit der Dampf entweichen kann.

Zwiebackauflauf

Ohne Abbildung

Zutaten für 4–6 Portionen:
8 Zwiebäcke
2 Eßl. Preiselbeerkompott
Für die Form:
Butter
Außerdem:
⅛ l Rotwein
1 Eßl. Zucker
ein Stückchen Zimtstange
1 Nelke
Für die Biskuitmasse:
3 Eiweiße
50 g Zucker
2 Eigelbe
30 g Mehl
Zum Besieben:
Puderzucker

Vorbereitungszeit: 50 Minuten
Backzeit: 4–5 Minuten

Je zwei Zwiebackschnitten mit Preiselbeerkompott füllen. Eine Auflaufform mit Butter ausstreichen und die gefüllten Zwiebäcke in die Form legen. Den Rotwein mit dem Zucker, der Zimtstange und der Nelke einmal aufkochen. Die Gewürze herausnehmen und den Rotwein über die Zwiebackschnitten gießen.
Die Eiweiße zu steifem Schnee schlagen. Den Zucker langsam einrieseln lassen, bis der Schnee schnittfest ist. Die Eigelbe etwas verrühren, unter den Schnee ziehen und zum Schluß das Mehl darunterheben. Diese Biskuitmasse über die Zwiebackschnitten streichen und die Oberfläche etwas aufrauhen. Den Auflauf auf die untere Schiene in den auf 220° vorgeheizten Backofen schieben und 4–5 Minuten (unbedingt nach Sicht) schön hellbraun backen. Mit Puderzucker besieben und sofort servieren.

Rezept- und Sachregister

Apfelgratins, normannische 90
Auberginenauflauf 46
Aufläufe, gehaltvolle 6
Auflauf mit Nudeln, provenzalischer 28
– mit Reis, provenzalischer 28

Bäckerofen 54
Birnenauflauf mit Roquefort 10
Broccoligratin 40
Broccolisoufflé 68
Brotauflauf mit Fleischfüllung 8
– mit Pilzfüllung 10

Cannelloni, gefüllte 22
Chicoréegratin mit Schinkenfüllung 42
Clafoutis mit Birnen 80
– mit Pflaumen 80
Crêpes mit Kalbsbries 48
Curry-Gratin, Fisch- 34

Eiergratins, kleine 62
Erdbeerpalatschinken 88

Feine Scampigratins 62
Fenchelgratin 42
Fisch-Curry-Gratin 34
Fleischfüllung, Brotauflauf mit 8
Forellensoufflé 74

Garnelensoufflé 72
Gebackenes Kraut 56
Geflügellebersoufflé 70
Gefüllte Cannelloni 22
– Nudelblätter 25
Gehaltvolle Aufläufe 6
Gemüse-Gratin, Hecht- 30
–, italienisches 36
Gratin von Schwarzwurzeln 44
Gratins, schnelle 6
Griechischer Nudelauflauf 16
Grießauflauf mit Kirschen 86
– mit Pflaumen 86
Grüne Nudeln mit Meeresfrüchten 64

Haselnußsoufflé 78
Hecht-Gemüse-Gratin 30
Himbeer-Reis-Auflauf 92
Himbeersauce 84
Hirnsoufflé 74
Hirseauflauf mit Dörrobst 82
Hörnchenauflauf nach sardischer Art 14

Italienisches Gemüsegratin 36

Käsesoufflé 66
Kartoffelgratin 18
–, Matjes- 34
– mit Eiern 60
Kartoffel-Zucchini-Gratin 38
Kleine Eiergratins 62
Kohlrabi-Möhren-Auflauf 20
Kraut, gebackenes 56

Lachssoufflé 70
Lasagne al forno 25
Lauchgratin 26
Luftige Soufflés 7

Makkaronigratin 22
Mangoldauflauf 18
Matjes-Kartoffel-Gratin 34
Möhren-Auflauf, Kohlrabi- 20

Normannische Apfelgratins 90
Nudelauflauf, griechischer 16
–, Schinken- 14
Nudelblätter, gefüllte 25
Nudelgratin mit Huhn 64
Nudeln mit Meeresfrüchten, grüne 64

Orangensoufflé 77

Paprikapfanne mit Knoblauchwurst 38
Pastitsio 16
Pfannkuchenauflauf mit Leber 52
Pilzfüllung, Brotauflauf mit 10
Polenta-Auflauf 60
Praktisches 6
Provenzalischer Auflauf mit Nudeln 28
– mit Reis 28

Quarkauflauf mit Äpfeln 84

Ramequin 8
Reisauflauf 82
–, Himbeer- 92
– mit Riesengarnelen 32

Sauerkrautauflauf 44
Scampigratins, feine 62
Schinkenfleckerln 13
Schinkenfüllung, Chicoréegratin mit 42
Schinken-Nudel-Auflauf 14
Schinkensoufflé 72
Schnelle Gratins 6
Schokoladensauce 78
Schwarzwurzeln, Gratin von 44
Soufflés, luftige 7
Spargelpfannkuchen 50
Spinatauflauf 46
Spinatpfannkuchen 50
Spinatsoufflé 68

Tomatengratin 40
Topfenpalatschinken mit Powidl 88

Überbackene Zucchini 36

Vanillesoufflé mit Früchten 78

Walderdbeergratin 90
Weißkohlauflauf 20
Wildragout unter Maiskruste 58
– unter Makkaronikruste 58
Wirsingauflauf 56

Zucchini, überbackene 36
Zucchini-Gratin, Kartoffel- 38
Zwiebackauflauf 92
Zwiebelauflauf 26

Farbfotos auf dem Einband:
Vorderseite: Kartoffelgratin (Rezept Seite 18), hier in einer Variante, bei der die Füllung zusätzlich 250 g kleingeschnittene grüne Paprikaschoten enthält. Das fertige Gratin wurde noch mit Schnittlauch bestreut.
Rückseite: oben, von links nach rechts: Himbeer-Reis-Auflauf (Rezept Seite 92), Kohlrabi-Möhren-Auflauf und Weißkohlauflauf (Rezepte Seite 20), Kartoffelgratin (Rezept Seite 18).
Unten, von links nach rechts: Griechischer Nudelauflauf (Rezept Seite 16), Hirnsoufflé (Rezept Seite 74), Zwiebelauflauf und Lauchgratin (Rezepte Seite 26).
Innentitel (Seite 2/3): Schinken-Nudel-Auflauf (Rezept Seite 14)

Farbfotos: Christian Teubner
Redaktion: Antje Schunka-Späth
Herstellung: Monika Gerretz
Einbandgestaltung: Heinz Kraxenberger

Printed in Italy

ISBN 3-7742-3850-2

Christian Teubner
ist seit vielen Jahren vielbeschäftigter gastronomischer Fotograf. In seinem Studio für Lebensmittelfotografie entstehen Meisterwerke kulinarischer Aufnahmen, und aus seiner Probeküche kommen verlockende Kreationen von neuen Rezepten. Christian Teubners Arbeiten sind in ganz Europa ein Begriff, denn wo es um Küche und Keller geht – ob Buch, Plakat, Film oder Zeitschrift – erkennt man seine »Handschrift«.